Schriften der
Hauptstelle Deutscher Arbeitgeberverbände
Heft II.

Die Hauptstelle Deutscher Arbeitgeberverbände

von

Dr. jur. Fritz Tänzler,
Syndikus.

Zweite veränderte und vermehrte Auflage.

Berlin 1907.
J. Guttentag, Verlagsbuchhandlung,
G. m. b. H.

Inhalt.

Einleitung.

Wenn wir auf die letzten Jahrzehnte der deutschen Wirtschaftsgeschichte zurückblicken, so können wir mit Genugtuung die gewaltige Entwickelung feststellen, welche die deutsche Industrie während dieser Zeit genommen hat. Deutsche Industrie und deutscher Handel haben nicht allein im Inlande ihre Absatzgebiete befestigt und erweitert, sondern sind auch in den Wettbewerb mit den anderen Nationen auf dem Weltmarkte eingetreten, und dies zum Teil so erfolgreich, daß sie mit vielen ihrer Güter sich diesen Markt überhaupt erobert haben. Dieser Erfolg konnte gegenüber dem Vorsprunge, den die anderen Länder, vielfach durch Jahrhunderte lange Überlieferung geschult, auf dem Gebiete der Gütererzeugung und des Güteraustausches hatten, naturgemäß nur mit dem Einsetzen aller Kräfte erlangt werden. Diese fortgesetzte Anspannung der Kräfte, die den Blick unausgesetzt auf die Vervollkommnung der Technik auf der einen, die Erweiterung der Absatzgebiete auf der anderen Seite gerichtet sein ließ, mag es erklärlich scheinen lassen, daß die deutschen Industriellen einer Gefahr, die sich gerade aus diesem Erstarken der deutschen Industrie heraus entwickelte, zunächst nicht die erforderliche Beachtung schenkten. Die infolge des Wachstums der industriellen Betriebe immer größer werdende Armee der industriellen Arbeiter, zum großen Teil überdies auf verhältnismäßig kleine Gebiete zusammengedrängt, begann sich mehr und mehr der in ihrer gesteigerten Zahl liegenden Macht bewußt zu werden und durch berufsmäßige Agitatoren unterstützt, sich zur Betätigung dieser ihrer Macht gegenüber dem Unternehmer in geschlossenen Massen zu organisieren. Nun wird es dem Arbeiter keineswegs verdacht werden können, wenn er sich zur Hebung seiner wirtschaftlichen Lage und zu wirksamer Verteidigung seiner Interessen mit seinen Genossen vereint; allein weil sich von vornherein der ungünstige Einfluß der Sozialdemokratie auf die deutschen Arbeiterschaften geltend machte und sie in das Fahrwasser einer unversöhnlichen Bekämpfung des Unternehmertums als solchen trieb, hätte die Erscheinung die ernsteste Beachtung und Beobachtung der Arbeitgeber von Anfang an erfordert. Eine solche ist aber, von einzelnen Ausnahmen abgesehen, der Bewegung im allgemeinen erst zuteil geworden, als die Arbeiterorganisationen bereits so erstarkt waren, daß sie den offenen Kampf mit dem Unternehmertum aufnehmen konnten; erst da traf man Maßnahmen, ihnen ein Gegengewicht durch den Zusammenschluß der Arbeitgeber in Arbeitgeberverbänden zu bieten. Aber auch jetzt noch blieb dieser Zusammenschluß zunächst nur eine vereinzelte Erscheinung, die Arbeitgeberverbände wirkten zwar für ihre Mitglieder äußerst erfolgreich, die Wirkungen blieben aber in der Hauptsache auf das dem einzelnen Verbande zugewiesene räumliche oder fachliche Gebiet beschränkt. Erst die neueste Zeit, die mit ihren großen und planmäßig einsetzenden Arbeiterkämpfen die Erkenntnis von der Notwendigkeit der Bildung von Arbeitgeberverbänden auch bei den widerstrebenden Arbeitgebern befestigte, bedeutete den Anfang eines zielbewußten und einheitlichen Vorgehens der deutschen Unternehmerschaft in der Begründung und Durchführung solcher Verbände.

Die Gründe, weshalb sich die deutschen Arbeitgeber von solchen Vereinigungen bis dahin vielfach noch fernhielten, mögen einesteils darin zu suchen sein, daß die Sorge um die weitere technische und wirtschaftliche Ausbildung des Betriebes die volle Kraft des Unternehmers in Anspruch nahm, anderenteils aber war es zweifellos bei einem Teile der Unternehmer noch eine gewisse Scheu, durch den Beitritt zu Arbeitgeberverbänden sowohl der Arbeiterschaft als auch der öffentlichen Meinung gegenüber in ein ungünstiges Licht zu kommen, die ihn vom Beitritt oder von der Begründung solcher Verbände abhielt; man fürchtete, von der Öffentlichkeit als Arbeiterfeind beurteilt zu werden, der den Arbeitern das Koalitionsrecht nehmen wollte. Vielleicht glaubte man auch, daß man durch den Beitritt zu einem Arbeitgeberverbande sich sofort in einen starken Gegensatz zu seiner eigenen Arbeiterschaft stellen und dieser dadurch erst den Anreiz geben würde, sich gleichfalls zu organisieren. Viele Unternehmer mögen endlich auch geglaubt haben, daß für sie eine besondere Gefahr, seitens ihrer Arbeiterschaft beunruhigt zu werden, nicht zu gewärtigen sei, da nach ihrer Ansicht ihre Arbeiter in einwandsfreien Arbeitsverhältnissen lebten, Grund zur Unzufriedenheit also nicht hätten und tatsächlich auch bisher mit übermäßigen Forderungen nicht hervorgetreten wären.

Alle diese Anschauungen sind heute wohl vollständig überwunden. Zahlreiche Ausstände haben bewiesen, daß die Feststellung günstiger Arbeitsbedingungen den Arbeitgeber keineswegs vor den Angriffen der Arbeiterorganisationen schützt, daß vielmehr für die Arbeiterschaft zur Aufstellung von Forderungen und zu deren Durchführung innerhalb eines bestimmten Betriebes lediglich taktische Gesichtspunkte maßgebend sind. Gerade die am besten entlohnten und unter den günstigsten Arbeitsbedingungen lebenden Arbeiter werden am leichtesten bewogen, in einen Ausstand zu treten und führen ihn dann am erbittertsten durch. Wir führen als Beispiel hierfür den Ausstand in der Berliner Elektrizitätsindustrie im Herbst 1905 an, ferner die Formerausstände in den deutschen Eisengießereien im Frühjahre 1906, überhaupt die zahlreichen Ausstände in der Metallindustrie, oder im Baugewerbe, deren Arbeiter bekanntlich mit am höchsten entlohnt werden.

Auch die weitere Befürchtung des Arbeitgebers, den Arbeitern durch seinen Beitritt zum Arbeitgeberverbande einen Anreiz zur Organisation zu geben, dürfte jetzt hinfällig sein, da es wohl wenige Betriebe oder Gegenden gibt, wo eine Organisation der Arbeiter überhaupt noch nicht vorhanden ist.

In der öffentlichen Meinung endlich haben sich die Arbeitgeberverbände immer mehr die Achtung und die Anerkennung erzwungen, die ihrer Bedeutung für das Wirtschaftsleben unseres Volkes entspricht. Mehr und mehr bricht sich auch in den Kreisen, die zwar den Arbeitern von Anfang an ihr unbedingtes Koalitionsrecht zugestanden wissen wollten, die aber, wenn die Unternehmer von demselben Rechte für sich Gebrauch machen wollten, sie sofort bekämpften, die Erkenntnis Bahn, daß die

Gründung von Arbeitgeberverbänden nicht nur das gute Recht des Unternehmers und das einzige Mittel ist, um übermäßigen Forderungen der Arbeiterorganisationen entgegenzutreten, sondern daß auch solche Verbände geeignet sind, dem deutschen Wirtschaftsleben die so nötigen, ruhigen und geordneten Arbeitsverhältnisse zu verschaffen und zu erhalten. Die bei der Gründung der Hauptstelle Deutscher Arbeitgeberverbände energisch vertretene Auffassung, daß die Arbeitgeberverbände, weit entfernt, den Krieg zu fördern, vielmehr dazu beitragen werden, der deutschen Industrie letzten Endes den Frieden zu erringen und zu sichern, diese Auffassung wird jetzt auch von Kreisen, die die Begründung von Arbeitgebererbänden bisher als kulturfeindlich bekämpfen zu müssen glaubten, geteilt, daß der Weg zu diesem Ziele zunächst durch harte Kämpfe führt, ist nicht Schuld der Arbeitgeberverbände. Selbst wer, wie die Amateursozialpolitiker unseres humanen Zeitalters, allein mit dem Herzen Sozialpolitik treibt und seine Forderungen nur auf ethischen und ästhetischen Gesichtspunkten aufbaut, ohne sich an die harten Dinge im Raume zu stoßen, kann sich jetzt an der Hand der realen Tatsachen der Erkenntnis nur selten verschließen, daß zur Wahrung des industriellen Friedens den starken Arbeiterorganisationen unbedingt auch starke Unternehmerverbände entgegenzustellen sind; er beschränkt seinen Widerstand gegen die Unternehmerverbände infolgedessen nur noch darauf, daß er die Art, wie die Unternehmerverbände ihre und die Interessen der Allgemeinheit vertreten zu müssen glauben, bekämpft. Eine solche ungünstige Kritik allein kann aber natürlich die Verbände nicht abhalten, den von ihnen für richtig erkannten Weg weiter zu verfolgen.

Gründung der Hauptstelle Deutscher Arbeitgeberverbände.

Den äußeren Anstoß zur Gründung der Hauptstelle Deutscher Arbeitgeberverbände gab die Ausstandsbewegung in der Crimmitschauer Textilindustrie, die sich vom August 1903 bis in den Januar 1904 hinzog. Diese Bewegung lenkte damals die Aufmerksamkeit der weitesten Kreise auf sich und fand über die zunächst Beteiligten und über die deutsche Industrie hinaus die größte Beachtung. Der Grund hierfür lag nicht sowohl in der bedeutenden Ausdehnung, die die Bewegung annahm, und in der Hartnäckigkeit, mit welcher die Streikenden ihren Kampf führten, als vielmehr darin, daß sich, damals wohl zum ersten Male mit voller Offenheit, die deutsche Sozialdemokratie hinter die Streikenden stellte und sie nicht allein in ihrer Presse in der ausgedehntesten Weise unterstützte, sondern ihnen auch erhebliche Geldmittel für den Kampf zur Verfügung stellte. Die deutsche Sozialdemokratie fühlte nach dem politischen Wahlerfolge im Sommer 1903 das Bedürfnis, ihre Macht auch auf dem wirtschaftlichen Gebiete zu betätigen und den Genossen ihren Einfluß auf diesem Gebiete vor Augen zu führen. Den Vorwand, unter welchem damals die Bewegung eingeleitet wurde, gab neben den geforderten Lohnerhöhungen die Erkämpfung des 10stündigen Arbeitstages ab. Man wollte diese grundsätzliche Forderung auf einem Boden zum Austrag bringen, den man besonders geeignet hierfür hielt, geeignet wegen der verhältnismäßigen Geschlossenheit der dortigen Sozialdemokratie und wegen der Verschiedenartigkeit der dortigen Unternehmerinteressen. So standen die mit Streik überzogenen Crimmitschauer Fabrikanten der gesamten unter sozialdemokratischem Einflusse stehenden deutschen Arbeiterschaft gegenüber und sie wären diesem Ansturm zweifellos unterlegen, wenn ihnen nicht von der übrigen deutschen Industrie Hilfe zuteil geworden wäre.

Einsichtsvolle Kreise der deutschen Industrie erkannten aber das Kampfobjekt richtig, sie sahen ein, daß es die sozialdemokratisch geleitete Arbeiterschaft hier lediglich auf eine Machtprobe abgesehen habe, daß ein Sieg der Ausständigen eine gewaltige Stärkung der unternehmerfeindlichen Organisationen bedeuten und diese Machtsteigerung wiederum der Anlaß zur Aufstellung und gewaltsamen Durchführung weiterer Machtforderungen an anderen Orten und in anderen Industrien sein würde.*) Sie vereinigten sich daher zu

*) Die Folgezeit hat ja für diese von den Gewerkschaften beliebte Taktik genügend Beispiele gegeben, so hat während des Ausstandes in der bayrischen Metallindustrie in Nürnberg und München im Juni 1905 ein Gewerkschaftsführer auf Befragen ausdrücklich zugegeben, daß die Gewerkschaft mit der damaligen

einer Hilfsaktion für die bedrängten Fabrikanten. Diesem Eintreten, das sich nicht damit begnügte, die Solidarität der Unternehmer lediglich moralisch zum Ausdruck zu bringen, sondern das vor allem auch darin bestand, den Crimmitschauer Arbeitgebern genügende Geldmittel für die erfolgreiche Abwehr des Kampfes zur Verfügung zu stellen, war es zu danken, daß der Angriff der Arbeiterorganisationen, die den Sieg schon in der Tasche zu haben glaubten, bedingungslos abgeschlagen wurde. In dem Augenblicke, wo die Streikleitung erkannte, daß die deutsche Unternehmerschaft sich dauernd mit den Crimmitschauer Fabrikanten solidarisch erklärte, brach sie unvermittelt den Kampf ab und veranlaßte die Streikenden zur Wiederaufnahme der Arbeit.

Dieser sichtbare, überraschend schnelle Erfolg mußte den deutschen Arbeitgebern die Erkenntnis festigen, daß gegenüber dem mächtigen Vordringen der sozialdemokratischen und gewerkschaftlichen Organisationen, die ihre unternehmerfeindlichen Bestrebungen rücksichtslos zur Durchführung zu bringen versuchen, das Heil nur in dem Zusammenschlusse der Industriellen zu Arbeitgeberverbänden liegt, und daß diese Arbeitgeberverbände wiederum, wenn anders sie die Gewähr für eine wirksame Durchführung ihrer Ziele bieten wollen, sich zu einem einheitlichen deutschen Arbeitgeberbunde zusammenschließen müssen. Zeigte doch gerade der Fall Crimmitschau, daß auch eine lokale oder fachliche Vereinigung der Unternehmer, wenn sie allein steht, zur Abwehr des Kampfes unter Umständen nicht genügt, sondern daß sich der Erfolg in vielen Fällen nur durch die Solidarität der übrigen Industrien ermöglichen läßt.

Der Zentralverband Deutscher Industrieller, der bereits die Hilfsaktion für die Crimmitschauer Fabrikanten veranlaßt hatte, hielt es deshalb für seine Pflicht, allen seinen Einfluß aufzubieten, daß die Wünsche auf Schaffung eines gemeinsamen deutschen Arbeitgeberbundes in die Wirklichkeit übersetzt würden. Eine am

---

Bewegung in Bayern ein lediglich taktisches und agitatorisches Ziel verfolgte: mit dem nach Auffassung der Gewerkschaft gerade in Bayern leichter als anderswo zu erhoffenden Siege und den dort erwarteten Erfolgen wolle man dann nach Rheinland-Westfalen gehen, um unter Hinweis auf diese Errungenschaften der dortigen Organisation neue Streiter zuzuführen, die es ermöglichen sollten, auch in Rheinland und Westfalen den Kampf mit den Unternehmern aufzunehmen.

17. Januar 1904 nach Berlin einberufene allgemeine Industriellenversammlung setzte zur Ausarbeitung der weiteren Grundlagen und zur Aufstellung von Satzungen eine Kommission ein. Die Beratungen und Verhandlungen dieser Kommission führten zwar materiell zu einer Einigung über die Grundsätze und Ziele des Verbandes, hinsichtlich der formellen Ausgestaltung der Zentralstelle jedoch wurde eine Übereinstimmung der Ansichten nicht erzielt. Unter der Initiative und Führung des Zentralverbandes wurde sodann die Hauptstelle Deutscher Arbeitgeberverbände in den Sitzungen vom 12. April und 6. Juni 1904 endgültig begründet. Diejenigen Kreise, welche sich dieser Hauptstelle nicht anschließen zu können glaubten, trotzdem aber auch ihrerseits einen einheitlichen und geschlossenen Aufbau der deutschen Arbeitgeberorganisation erstrebten, nahmen von Anfang an ein Zusammenarbeiten mit der Hauptstelle und den Abschluß eines Kartellvertrages mit ihr in Aussicht. Dieser Kartellvertrag ist denn auch zwischen der Hauptstelle Deutscher Arbeitgeberverbände und dem Verein Deutscher Arbeitgeberverbände, der neben der Hauptstelle als selbständige Zentralorganisation besteht, abgeschlossen worden, so daß die von allen Seiten erstrebte Einigung der deutschen Unternehmer auch nach außenhin zum Ausdrucke gebracht worden ist.

Die Notwendigkeit des Zusammenschlusses der Arbeitgeber.

Die Notwendigkeit für den Unternehmer, sich gegenüber den Angriffen der Arbeiter mit seinen Berufsgenossen zusammenzuschließen, dürfte jetzt wohl nur noch von ganz vereinzelter Seite verkannt werden. Mehr als alle Erörterungen hierüber hat den Unternehmer die Macht der Tatsachen, wie sie sich besonders in den Arbeiterbewegungen der letzten Zeit ausgedrückt hat, von der zwingenden Notwendigkeit eines solchen Zusammenschlusses überzeugen müssen. Wir haben bereits gesehen, daß die Aufstellung einwandsfreier Arbeitsbedingungen keinen Schutz vor den Angriffen der Arbeiter bietet und ebenso wenig kann eine umfassende Fürsorge für den Arbeiter in ausgedehnten Wohlfahrtseinrichtungen ein friedliches Einvernehmen mit den Arbeitern gewährleisten. Mit dem Schlagwort: „Wir wollen keine Wohltaten, sondern Rechte" werden solche Wohlfahrtseinrichtungen von einem großen Teile der Arbeiter infolge der Verhetzung durch die Gewerkschaften in Grund und Boden verdammt. So ist zwischen dem Unternehmertum und der Arbeiterschaft eine Entfremdung eingetreten, die im Hinblicke darauf, daß doch beide Teile an dem Gedeihen des Betriebes interessiert und infolgedessen aufeinander angewiesen sind, nur im höchsten Maße zu beklagen ist. Man hat gemeint, diese Entfremdung liege lediglich daran, daß die früher vorhanden gewesene Fühlung der beiden Teile verloren gegangen ist. Allein, wie kommt es dann, daß die häufigsten Kämpfe gerade in denjenigen Betrieben geführt werden, wo der Arbeitgeber noch in unmittelbarem Verkehr mit seinen Arbeitern steht, insbesondere in den verschiedenen Betrieben des Handwerks und des Baugewerbes? Wer hiernach meint, daß es zur Erreichung des sozialen Friedens genüge, wenn die beiden Teile wieder in enge Fühlung miteinander treten würden, der wird durch die Wirklichkeit ebenso sehr Lügen gestraft, wie jener Redner auf dem evangelisch-sozialen Kongreß im Jahre 1905, der einer solchen Ansicht mit den Worten Ausdruck gab: „Gewiß können auch die Gewerkschaften recht unvernünftige Forderungen stellen, allein man lernt bald einander kennen und verstehen und stellt dann nur noch vernünftige Forderungen." Wer sich mit solchen lediglich aus der Theorie geschöpften Anschauungen als Ratgeber der Industrie aufspielt, kann im Ernst irgend eine Beachtung von deren Seite nicht beanspruchen. Gerade die Gewerkschaften sind es, die es hintanhalten, daß die Arbeiter eine Verständigung mit den Unternehmern suchen, gerade sie halten die Arbeiter geflissentlich hiervon zurück. Sie stehen ja auf dem Standpunkte und wiederholen den Arbeitern diesen Standpunkt Tag für Tag in ihrer Presse, daß es eine Harmonie zwischen den Unternehmern und der Arbeiterschaft nicht gibt, daß vielmehr die Arbeiter von den Unternehmern lediglich ausgebeutet werden und hiernach in diesen ihre natürlichen Feinde zu sehen haben, daß alle Arbeitskämpfe nur

Klassenkämpfe sind mit dem Endziel der gänzlichen Beseitigung der kapitalistischen Unternehmerklasse. Dieser gewerkschaftliche Einfluß ist es also, der die Kluft zwischen Arbeitgeber und Arbeiter so erweitert und die Arbeitskämpfe zu so erbitterten gemacht hat. Wenn dann ihre fortwährenden Beeinflussungen Früchte getragen und die Arbeiter in einen Streik getrieben haben, dann allerdings ist es vielfach wieder die Gewerkschaft, die dem Unternehmer ihre Vermittelung „im Interesse des Friedens" anbietet. So erreichen die Gewerkschaften, daß ein oberflächlicher Beobachter, der die dem Ausstand vorausgehenden, oftmals langdauernden und geheimen Vorbereitungen nicht kennt, in den Glauben versetzt wird, daß die Gewerkschaften wirklich dem sozialen Frieden dienen wollen, und die öffentliche Meinung ist schnell bereit, dem Unternehmer, der ein solches Anerbieten zurückweist, die schwersten Vorwürfe zu machen. Tatsächlich aber benutzen die Gewerkschaften, wenn ihre Vermittelung von den Unternehmern angenommen worden ist, dies sofort dazu, um für sich wiederum damit Reklame zu machen und unter Hinweis auf diesen Erfolg ihren Armeen neue Streiter zuzuführen, durch die sie dann zu neuen Vorstößen befähigt und ihrem erstrebten Ziele einen weiteren Schritt näher gebracht werden.

Welchen Umfang und welche Bedeutung die Arbeiterorganisationen in der Gegenwart angenommen haben, darüber nur kurz einige Zahlen:

Zu Ende des Jahres 1905 waren, abgesehen von den in den evangelischen und katholischen Arbeitervereinen Organisierten, die nicht als Arbeiterorganisationen im technischen Sinne anzusehen sind, und deshalb hier außer Betracht zu bleiben haben, im ganzen rund 1822000 Arbeiter organisiert, davon gehörten den sogenannten freien Gewerkschaften 1344000,*) den lokal organisierten Gewerkschaften gegen 28000, den christlichen Gewerkschaften 265000,**) den Hirsch-Dunckerschen Gewerkvereinen 117000 Mitglieder an, während sich der Rest von 67000 auf solche Vereinigungen verteilt, die keiner der vorhergehenden Gruppen angehören. Diese Organisationen verfügten im Jahre 1905 insgesamt über eine Einnahme von fast 32 Millionen Mark, während ihre Jahresausgabe sich auf

*) Für Ende 1906 schätzt die Generalkommission der Gewerkschaften die Mitgliederzahl der freien Gewerkschaften auf etwa 1 750 000.

**) Diese schätzen im Jahre 1906 ihre Mitgliederzunahme auf 65—70000.

zusammen rund 28 1/2 Millionen Mark belief und ihnen ein Vermögensbestand am Jahresschlusse von 24 1/2 Millionen Mark verblieb.

Die erdrückende Bedeutung der freien Gewerkschaften gegenüber den übrigen Organisationen ist, abgesehen von ihrer Mitgliederzahl, auch aus ihren Finanzverhältnissen ersichtlich: Die freien Gewerkschaften hatten 1905 insgesamt eine Jahreseinnahme von fast 28 Millionen Mark und eine Jahresausgabe von rund 25 Millionen Mark. Von den Ausgaben entfallen über 10 Millionen Mark auf Streikunterstützung und Gemaßregeltenunterstützung, während für reine Unterstützungszwecke der Mitglieder nur rund 3700000 Mk. ausgegeben wurden. Rechnet man zu den obigen Streikunterstützungen noch die für die Presse, die Agitation und „sonstige Zwecke" ausgegebenen 3 3/4 Millionen Mark, so ergibt sich schon aus dieser Vergleichung der Ausgaben, daß diese Gewerkschaften in erster Linie reine Kampforganisationen sind, eine Charakteristik, die von den Gewerkschaften überdies unumwunden als zutreffend zugegeben wird. Nach der von den freien Gewerkschaften selbst aufgemachten Statistik erhält das Mitglied von den durchschnittlich 22 Mk., die es jährlich an die Gewerkschaft abliefert, nur 2,79 Mk. als reine Unterstützung in Krankheits- und Notfällen zurück, während als Streikunterstützung 7,55 Mk. pro Mitglied gezahlt werden und der Rest des Beitrags mit 11,66 Mk. auf Agitation, Presse, Verwaltung usw. verwendet wird.*)

Die christlichen Gewerkschaften verfügten 1905 über eine Einnahme von 2443000 Mark und hatten eine Jahresausgabe von 2150000 Mark. Auch hier überwiegt die Ausgabe für Streiks mit 1000320 Mark bei weitem diejenige für reine Unterstützungen mit 173000 Mark.

Die Hirsch-Dunckerschen Gewerkvereine endlich hatten eine Jahreseinnahme von 1300000 Mark und eine Jahresausgabe von 1170000 Mark, darunter 286000 Mark für Streiks usw. und 276000 Mark für Unterstützungen.**)

---

*) Eine in der „Neuen Zeit", Wochenschrift der deutschen Sozialdemokratie, befindliche Zusammenstellung der Gewerkschaften nach einzelnen Industriegruppen ergibt für 1905 folgendes Bild:

Der Zusammenhang der sogenannten freien Gewerkschaften mit der sozialdemokratischen Partei ist bekannt. Es würde über den Rahmen der vorliegenden Broschüre hinausgehen, wollten wir auf diese Verbindung der beiden Bewegungen eingehen. Es genügt, hierzu darauf hinzuweisen, daß auf dem Kölner Gewerkschaftskongreß im Jahre 1905 der Vorsitzende am Schlusse der Tagung unter der Zustimmung der Delegierten dieses Verhältnis in die Worte zusammenfaßte: „Die Sozialdemokratie und die Gewerkschaften sind eins", daß weiter auf dem sozialdemokratischen Parteitage in Jena im Jahre 1905 der Vorsitzende Singer den Kongreß mit der Feststellung schloß: „Ich darf mit besonderer Genugtuung konstatieren, daß die beiden großen Ströme der Arbeiterbewegung, die sozialdemokratische Partei und die Gewerkschaften einig sind in dem Streben, durch ihre Tätigkeit das große Ziel der Sozialdemokratie, die Zertrümmerung der kapitalistischen Gesellschaft zu erreichen", und daß

		Mitgliederzahl pro 1905 im Jahresdurchschnitt	Jahreseinnahme M	Jahresausgabe M	Vermögensbestand am Jahresschluß M
1.	Baugewerbe	293 504	6 235 970	5 048 147	4 688 136
2.	Metallindustrie	268 959	5 922 252	5 872 735	2 450 505
3.	Textilindustrie	66 959	785 670	1 078 193	188 744
4.	Handels- und Transportgewerbe	70 708	1 180 097	1 072 418	453 111
5.	Bergbau	124 976	1 265 557	786 846	1 226 445
6.	Bekleidungsindustrie	69 819	1 285 267	1 426 522	764 625
7.	Holzindustrie	138 139	3 636 967	3 262 228	2 112 012
8.	Nahrungsmittelindustrie	67 608	1 433 116	1 411 156	368 989
9.	Gastwirtsgehilfen	3 656	76 645	62 244	42 770
10.	Gärtner	3 936	58 251	56 942	16 744
11.	Industrie der Steine und Erden	43 834	827 375	671 000	664 482
12.	Papier- und Lederindustrie	38 752	819 051	784 310	767 581
13.	Polygraphisches Gewerbe	63 324	3 050 201	2 357 127	5 245 393
14.	Sonstige Berufe	90 629	1 235 938	1 134 096	646 313

endlich auf dem sozialdemokratischen Parteitage in Mannheim im Jahre 1906 das Verhältnis zwischen Partei und Gewerkschaften offiziell dahin festgelegt worden ist, daß sowohl die

Des ferneren verteilen sich die Ausgaben für Streiks, Arbeitslosenunterstützung, Agitation und Verbandsorgan auf diese vorerwähnten Industriegruppen in folgender Weise:

		Ausgaben für				
		Streiks		Arbeits-losenunter-stützung	Agitation	Verbands-organ
		im eigenen Beruf	in fremden Berufen			
		M	M	M	M	M
1.	Baugewerbe . .	1 022 513	176 241	1 158	348 470	345 731
2.	Metallindustrie .	2 974 518	58 400	540 733	151 718	224 632
3.	Textilarbeiter . .	593 582	36 900	—	81 778	74 851
4.	Handels- und Transportgewerbe	242 723	14 200	31 947	97 590	70 768
5.	Bergarbeiter . .	20 000	40 000	3 816	54 853	181 157
6.	Bekleidungs-industrie . . .	605 401	22 340	58 222	141 771	73 302
7.	Holzindustrie . .	1 269 917	95 803	494 252	171 588	142 799
8.	Nahrungsmittel-industrie . . .	352 950	22 156	113 098	85 590	70 998
9.	Gastwirtsgehilfen	297	1 305	—	5 937	7 400
10.	Gärtner . . .	10 256	2 189	1 276	3 721	10 212
11.	Industrie der Steine und Erden	243 104	8 915	37 566	36 183	60 834
12.	Papier- und Leder-industie . . .	283 123	19 541	137 917	45 603	46 255
13.	Polygraphisches Gewerbe . . .	58 694	9 937	555 398	10 993	56 297
14.	Sonstige Berufe	472 630	16 459	16 541	69 337	50 161
	Summa	9 149 708	524 386	1 991 924	1 305 132	1 415 397

**) Interessant ist gegenüber diesen Ziffern die Finanzgebahrung der englischen Gewerkschaften:

In 100 der größten englischen Gewerkschaften, die eine Mitgliederzahl von 1 127 000 umfaßten, betrugen 1904 die Ausgaben etwa 41 Millionen Mark, davon entfielen auf reine Unterstützungen etwa 30 Millionen Mark und auf Streikunterstützungen nur $2^1/_2$ Millionen Mark, d. i. 73,4 % auf Unterstützungen und 6,2 % auf Streikzwecke.

sozialdemokratische Partei als die Gewerkschaften „unumgänglich notwendig“ sind und daß „auch der klassenbewußte Arbeiter der Gewerkschaft notwendig das sozialdemokratische Ziel (Befreiung der Arbeiterklasse von jeder Unterdrückung und Ausbeutung durch Aufhebung des Lohnsystems und Organisation einer auf der sozialen Gleichheit aller beruhenden Erzeugungs- und Austauschweise, also der sozialistischen Gesellschaft) erstreben müsse“, daß also „die gewerkschaftliche Bewegung von dem Geiste der Sozialdemokratie beherrscht werden müsse“; das bedeutet, daß die freien Gewerkschaften zwar die auf Grund der bestehenden gesellschaftlichen Ordnung erreichbaren Fortschritte annehmen, daß sie aber darüber hinaus, wie die „Leipziger Volkszeitung“ in ihrer Nummer vom 22. September 1906 richtig hervorhebt, als unverrückbares Ziel aller modernen Arbeiterbewegungen die Umwälzung der kapitalistischen in die sozialistische Produktionsweise“ erstreben und erkämpfen. Diesen gemeinsamen Grund und Boden und das gemeinsame Ziel der beiden Organisationsformen faßt das offizielle Organ der Gewerkschaften, das „Korrespondenzblatt der Generalkommission der Gewerkschaften“ in Nr. 36 vom Jahre 1906 klar und deutlich zusammen, indem es schreibt:

„Die Gewerkschaften fußen heute ebenso wie vor und nach dem Ausnahmegesetz auf der Theorie des Klassengegensatzes zwischen Kapitalist und Arbeiter und sie erkennen den Klassenkampf als die notwendige Folge dieses Gegensatzes und die Aufhebung der Kapitalistenklasse, die Beseitigung der kapitalistischen Ausbeutung als die einzige Lösung dieses Verhältnisses an. An dieser Lösung mitzuarbeiten ist die gewerkschaftliche und genossenschaftliche Organisation nicht minder als die politische Organisation der Arbeiterklasse berufen.“

Daß die deutschen Unternehmer, wenn sie sich einem solchen Ziele von Anfang an widersetzen, in ihrem guten Rechte sind und damit zugleich die Sache aller national gesinnten Bürger vertreten, das sollte gerechterweise doch von keiner Seite bestritten werden.

Muß schon der zunehmende Anschluß der Arbeiter an diese Organisationen und die von Jahr zu Jahr sich steigernde Verwendung erheblicher Kapitalien zur Bekämpfung des Unternehmers den letzteren ebenfalls auf den Weg des Zusammenschlusses weisen,*) so ist dies in noch größerem Maße der Fall, wenn wir betrachten, wie sich unter dem Einflusse dieser Organisationen die Streikbewegungen der letzten Jahre vermehrt und vergrößert haben. Nach der amtlichen Statistik, die vom Kaiserlichen Statistischen Amte aufgestellt wird, haben sich die Streiks in den letzten Jahren ganz erheblich vermehrt. Während im Durchschnitt der Jahre 1899 bis 1903 1284 beendete Ausstände und Aussperrungen stattfanden, steigt diese Ziffer im Jahre 1904 auf 1990 und im Jahre 1905 auf 2657. Von diesen Ausständen und Aussperrungen wurden im Durchschnitt der Jahre 1899 bis 1903 6759 Betriebe, 1904 dagegen 11436 und 1905 18340 Betriebe betroffen. 4499 Betriebe waren im Jahre 1905 infolge dieser Bewegungen gezwungen, überhaupt die Produktion einzustellen. Noch deutlicher wird die vermehrte Streikbewegung der letzten Jahre, wenn man die Zahl der ausständigen und ausgesperrten Arbeiter ins Auge faßt. Diese betrug im Durchschnitt 1899 bis 1903 96459 und stieg im Jahre 1904 auf 137240, um im Jahre 1905 die ganz unglaubliche Höhe von 526810 zu erreichen. Vervielfältigt man die Zahl der ausgesperrten und ausständigen Arbeiter mit der jedesmaligen Dauer der Bewegung, so ergibt sich, daß während der Dauer von 18984000 Streiktagen die Gütererzeugung in der deutschen Industrie im Jahre 1905 hat ruhen müssen. Es liegt auf der Hand, welch einen wirtschaftlichen Verlust diese Summe verlorener Arbeitstage in sich schließt.**)

Daß aber diese Streiks fast sämtlich unter dem Einflusse der Arbeiterorganisationen unternommen worden sind, das ergibt sich aus der gleichfalls der amtlichen Statistik zu entnehmenden Feststellung, daß im Jahre 1904 83,4% und im Jahre 1905 sogar 94,3% der an den Ausständen beteiligten Arbeiter bei dem

---

*) In den „Jahresberichten der Württembergischen Gewerbeaufsichtsbeamten für 1905“ heißt es in Übereinstimmung hiermit: „Der einzelne Unternehmer ist den von den Arbeiterverbänden geleiteten und unterstützten Lohnbewegungen selten mehr gewachsen.“

**) Für das Jahr 1906 verzeichnet die vorläufige amtliche Statistik 3448 Streiks und Aussperrungen mit 334800 beteiligten Arbeitern. Hiervon wurden 18502 Betriebe betroffen.

Streik unter dem Einflusse ihrer Berufsvereinigung oder dritter Personen standen, eine Tatsache, die zwar dem aufmerksamen Beobachter längst bekannt, durch diese Statistik aber nunmehr auch amtlich festgelegt ist.

Man hat sich auf unternehmerfeindlicher Seite bemüht, für diese vermehrten Arbeitskämpfe die Arbeitgeberverbände verantwortlich zu machen, als ob diese die Kämpfe erst veranlaßten, und sich zur Begründung dieses Vorwurfs auf die Tatsache berufen, daß auch die Aussperrungen, bei denen die Arbeitgeberorganisationen mitgewirkt haben, sich vermehrt haben. Es ist richtig, daß eine solche Vermehrung stattgefunden hat. Die Zahl der Aussperrungen betrug nach der amtlichen Statistik im Durchschnitt der Jahre 1899 bis 1903 42 und stieg im Jahre 1904 auf 120 und im Jahre 1905 auf 254.*) Der Vorwurf ist aber schon deshalb unberechtigt, weil sich die „Aussperrung" in vielen Fällen lediglich als eine erst infolge eines Ausstandes nötig gewordene Schließung des Betriebes darstellt, wie denn auch die amtliche Statistik selbst zugibt, daß sich die Grenze zwischen Streik und Aussperrung nicht immer feststellen läßt. Die neuerliche in den Gewerkschaftsblättern wiederholt zugegebene Taktik der Gewerkschaften geht ja dahin, durch den Ausstand nur einen Teil der Arbeiter aus dem Betriebe zu ziehen und nur eine Abteilung des Werkes dadurch still zu legen, hierbei aber gerade diejenigen Arbeiter und diejenige Abteilung zu treffen, ohne deren Arbeit der übrige Betrieb nicht bestehen kann, so daß der Unternehmer gezwungen ist, den Betrieb zu schließen. Durch diese Taktik suchen die Gewerkschaften zweierlei zu erreichen, erstens die Meinung in der Öffentlichkeit, als ob der Unternehmer die Arbeiter in rücksichtsloser Weise angegriffen habe, und zweitens die Schonung ihrer Streikkassen, da sie nur die organisierten Mitglieder zu unterstützen haben.**) Endlich ist ja der erwähnte Vorwurf für

*) 1906 werden 280 Aussperrungen verzeichnet.

**) Die Holzarbeiterzeitung, das Organ des deutschen Holzarbeiterverbands, schreibt in ihrer Nummer vom 6. Oktober 1906 in einem Leitartikel über diese Taktik: „Man weiß heute, daß eine Gruppe aus dem Betriebe herausgenommen in vielen Fällen genau denselben Zweck, dem Betrieb die Lieferungsfähigkeit zu nehmen, erfüllt und dabei die eigene Streikkasse geschont wird", und bei einem jeden logisch Denkenden schon deshalb hinfällig, weil diese Vermehrung der Arbeitskämpfe gerade in eine Zeit der Hochkonjunktur fällt, wo die Arbeitskraft des Arbeiters dem Unternehmer von ganz außerordentlichem Werte ist. Wollte in einer solchen Zeit der Unternehmer Arbeitskämpfe veranlassen oder nur fördern, so würde er sich doch in erster Linie ganz erheblich ins eigene Fleisch schneiden und das wird bei dem praktischen Sinne der deutschen Unternehmerschaft ihm wohl niemand, der über diese Verhältnisse orientiert ist, zutrauen. Nein, wo wirklich Aussperrungen vorgenommen worden sind, da war der Kampf bereits da und auf andere Weise nicht zu beenden.

Aufgaben der Arbeitgeberverbände.

Die Aufgabe des Arbeitgeberverbandes besteht zunächst ganz im allgemeinen in der Wahrung der Rechte seiner Mitglieder in ihrer Stellung als Arbeitgeber und in dem Schutze der Mitglieder gegenüber unberechtigten Bestrebungen der Arbeiter.

Die vornehmste und oberste Aufgabe der Arbeitgeberverbände soll es sein, den von ihnen vertretenen Industrien den wirtschaftlichen Frieden zu erhalten. In der Erkenntnis, daß Arbeitgeber und Arbeiter aufeinander angewiesen sind und ein gutes Einvernehmen zwischen beiden Teilen die Grundlage für eine ruhige Weiterentwickelung der Industrie bildet, werden die Arbeitgeberverbände in erster Linie auf ein friedliches und freundliches Verhältnis zwischen den Unternehmern und ihrer Arbeiterschaft mit allen Kräften hinwirken und den berechtigten Interessen und Bestrebungen der Arbeiterschaft, soweit es nur immer die Rücksicht auf das Gedeihen der Industrie gestattet, entgegenkommen

---

Ausstande bei einer Berliner größeren optischen Firma gab die Streikleitung, die die Arbeiter einer Abteilung dieses Werkes zu einem Ausstande veranlaßt hatte, bekannt, daß „wenn durch diese Arbeitsniederlegung bis zu einem bestimmten Tage kein annehmbares Resultat für die Organisation erzielt sein würde, dann abermals zwei weitere Abteilungen aus dem Betriebe herausgezogen würden, was dann mit der völligen Lahmlegung des ganzen Betriebes gleichbedeutend wäre“ (Vorwärts vom 4. Oktober 1906).

müssen. Sie werden aber ebenso sehr unberechtigten Anforderungen der Arbeiter und ihrer Organisationen, die geeignet sind, der deutschen Industrie dauernd zu schaden und die berechtigte Stellung des deutschen Unternehmers als verantwortlichen Leiters des Betriebes zu untergraben, mit aller Energie entgegentreten in der Erkenntnis, daß sie damit zugleich der nationalen Wohlfahrt dienen. Sie werden aus derselben Erkenntnis heraus denjenigen Arbeitern ihren Schutz angedeihen lassen, die sich von solchen unberechtigten Bestrebungen loslösen und ihre Vertragspflichten gegenüber dem Unternehmer erfüllen. Nur völlige Unkenntnis der tatsächlichen Interessen des Unternehmers kann hiernach die Arbeitgeberverbände zu Kampfesorganisationen stempeln; ihre ganze Natur und das Interesse der von ihnen vertretenen Industrien charakterisieren sie vielmehr lediglich als Abwehrverbände.

Die Mittel, durch welche die Verbände das angegebene Ziel zu erreichen bestrebt sind, werden selbstverständlich je nach Lage des Falles verschieden sein. Im Falle eines Ausstandes ist es überdies die Taktik der angreifenden Arbeiter und Arbeiterorganisationen, die dem angegriffenen Unternehmer die Abwehrmittel in die Hand drückt. Die Mittel sollen den Erfolg haben, die Stellung des Unternehmers zu stärken und diejenige des Gegners zu schwächen. Ersteres wird der Verband, abgesehen von der Verteidigung der Maßnahmen des betroffenen Mitgliedes vor der Öffentlichkeit, in vielen Fällen noch durch Gewährung einer geldlichen Beihilfe an das Mitglied zur Durchführung des ihm aufgedrungenen Kampfes erreichen, letzteres sucht der Verband meistens dadurch durchzusetzen, daß er ebenso, wie der Arbeiter die Unternehmerbetriebe „sperrt", den streikenden Arbeitern die Betriebe seiner Mitglieder bis zum endgültigen Ausgang der Sache verschließt. Führen diese Mittel zu keinem Erfolge, dann wird der Verband noch schärfere Maßnahmen vornehmen müssen, insbesondere die Durchführung einer Aussperrung, d. h. die völlige oder teilweise Schließung der Betriebe.

In allen diesen Fällen aber ist die grundlegende Voraussetzung für den Schutz des Unternehmers, daß die Forderungen der Arbeiter unberechtigt sind. Der Verband hat hiernach in eine Prüfung der Frage einzutreten, ob der Unternehmer seinen sozialen

Pflichten gegen die Arbeiter nachgekommen ist und ob er weiter bei der Zurückweisung der Forderungen sich mit dem gemeinsamen Empfinden und den gemeinsamen Interessen seiner Berufsgenossen im Einklange befindet. Hier ist der Arbeitgeberverband in der Lage, erzieherisch auf seine Mitglieder einzuwirken und die berechtigten Interessen auch der Arbeiter zu vertreten.*) Daß sich die Arbeitgeberverbände dieser Aufgabe auch wirklich unterziehen, darüber ließen sich aus ihren Jahresberichten genügend viele Beweise erbringen.

Organisation der Arbeitgeberverbände.

Die Arbeitgeberverbände können sich entweder auf fachlicher oder auf örtlicher Grundlage aufbauen. Es ist natürlich, daß die Bildung von Arbeitgeberverbänden zuerst auf fachlicher Grundlage einsetzte. Hier sind die Unternehmer vielfach bereits in

*) In einem Rundschreiben vom 28. Juli 1906 legt die Hauptstelle Deutscher Arbeitgeberverbände ihren Mitgliedern diese Pflicht ganz besonders ans Herz. Es wird hier zunächst ausgeführt, daß in einigen Fällen Arbeitgeber an zu langen Arbeitszeiten und niedrigen Löhnen entgegen den bei ihren Gewerbsgenossen üblichen festgehalten und hiernach in den Arbeitsstreitigkeiten vom Verbande nicht unterstützt werden konnten, vielmehr den berechtigten Forderungen der Arbeiter nachgeben mußten. Das Rundschreiben fährt dann fort:

„Ein derartiges Verhalten entspricht nicht der Stellung des Arbeitgebers, wie sie in der Hauptstelle gedacht ist. Für die Organisation der Arbeitgeber zum Widerstande gegen die unberechtigten Angriffe der Arbeiter und ihrer Organisationen ist eine der grundlegenden Voraussetzungen, daß der Arbeitgeber aus freiem Willen sein Möglichstes tut, um seine Arbeiter, den maßgebenden Verhältnissen entsprechend, in loyaler Weise zu befriedigen. Vor allen muß der Arbeitgeber alles vermeiden, was geeignet sein könnte, ihn den Arbeitern gegenüber ins Unrecht zu setzen; denn sonst sind Vorkommnisse, wie die hier in Rede stehenden, unvermeidlich.

Die hier erwähnten Vorgänge geben uns daher Veranlassung, an die Vorstände der uns angeschlossenen Arbeitgeberverbände die dringende Bitte zu richten, darüber zu wachen, daß von ihren Mitgliedern die Arbeitsbedingungen jeder Art nach Maßgabe der gegenwärtigen allgemeinen Verhältnisse in einwandsfreier Weise festgestellt werden. Nur, wenn dies überall und im vollen Umfange geschieht, wird sich im gegebenen Falle die volle Kraft der Organisation der Arbeitgeber wirkungsvoll betätigen können; sie muß und wird überall und unbedingt versagen, wo das Unrecht sich auf der Seite der Arbeitgeber befindet.“

wirtschaftlichen Vereinigungen organisiert, sie sind sich hier bereits persönlich nähergetreten, ihre Anschauungen sind im allgemeinen übereinstimmende, ihre Arbeitsbedingungen gleichartige. Die Begründung besonderer Arbeitgeberverbände neben diesen wirtschaftlichen Vereinigungen ist aber deshalb gerechtfertigt, weil in den Arbeitgeberverbänden die Erörterung politischer Fragen durchaus ausgeschlossen sein soll und deshalb Unternehmer aller bürgerlichen Parteien vertreten sein können, während sich die Erörterung politischer Fragen und die Stellungnahme zu solchen in wirtschaftlichen Vereinen vielfach nicht vermeiden lassen wird. Die zur Vermeidung einer etwaigen gegenseitigen Bekämpfung für nötig erachtete Fühlung der beiden Vereinigungen kann zweckmäßigerweise dadurch erreicht werden, daß die leitenden Persönlichkeiten beider Vereinigungen dieselben sind.

Die Notwendigkeit der Bildung örtlicher Arbeitgeberverbände mit gemischten Industrien, ergibt sich aus der Erfahrung, daß die Bestrebungen der Arbeiterschaft einer Industrie oder eines Gewerbes sich innerhalb einer Stadt oder eines begrenzten anderen lokalen Gebietes auch den Arbeitern der übrigen Industrien und Gewerbe mitteilen, und daß insbesondere die Erfolge einer Arbeitergruppe andere Gruppen zu gleichem Vorgehen ermutigen. In den örtlichen Verbänden sollen sich die Unternehmer möglichst aller Industrien und Gewerbe innerhalb eines bestimmten lokalen Bezirkes zusammenschließen. Viele der als Veranlassung zu Ausständen genommenen Fragen, wie Verkürzung der Arbeitszeit, Anerkennung der Arbeiterorganisation, Anerkennung des Arbeitsnachweises der Arbeiter usw. berühren ja die Interessen aller Unternehmer. Der örtliche Verband wird nun gerade wegen seiner lokalen Begrenzung in der Lage sein, eine sich anbahnende Bewegung der Arbeiter gleich in ihrem Anfange zu erkennen und einheitlich dazu Stellung zu nehmen, es wird ihm weiter möglich sein, die Taktik der Arbeiterorganisationen, die in der nacheinander vorzunehmenden „Abschlachtung" der einzelnen Unternehmer besteht, durch geschlossenes Eintreten für den einzelnen betroffenen Unternehmer und dadurch, daß der Verband auch einem wirtschaftlich schwächeren Unternehmer seinen starken Arm leiht, von vornherein zu nichte zu machen.

Die Notwendigkeit der Zentralisation der Arbeitgeberverbände.

War die Crimmitschauer Bewegung für den einzelnen Unternehmer insofern lehrreich, als sie ihm die Notwendigkeit des Zusammenschlusses vor Augen stellte, so gab diese Bewegung zugleich den Beweis dafür, daß auch der Arbeitgeberverband, wenn er allein steht, in vielen Fällen nicht in der Lage sein wird, den Ansturm der Arbeiterorganisationen auszuhalten, und daß die Verbände sich deshalb ihrerseits wieder zusammenschließen müssen. Auch die Crimmitschauer Fabrikanten hatten sich einem Arbeitgeberverbande angeschlossen, aber die Bewegung nahm so großen Umfang und so lange Dauer an, daß dieser Verband allein nur unter den schwersten Opfern imstande gewesen wäre, der Bewegung Herr zu werden.

Die Erkenntnis, daß der Arbeitgeberverband seinerseits wieder Anschluß an andere Verbände zu suchen hat, hat sich in der Folgezeit an der Hand zahlreicher Erfahrungen immer mehr gefestigt. Wir führten bereits an, daß die Arbeiterorganisationen zeitlich einen Vorsprung vor den Unternehmerorganisationen haben, das hat auf der anderen Seite den Vorteil, daß die Unternehmer sich die Erfahrungen der Arbeiterorganisationen zunutze machen können. Die Arbeiter aber haben es schon längst für nötig gehalten, ihre Organisationen in einer einheitlichen Zentrale eng zusammenzuschließen; für die freien Gewerkschaften insbesondere ist es die Generalkommission der Gewerkschaften Deutschlands, die hier in Frage kommt. Es ist bekannt, daß die Gewerkschaften durch ihre Zentrale nach genauen taktischen Erwägungen einheitlich im ganzen Lande vorgehen und zur Durchsetzung ihrer Forderungen einen sorgfältig erwogenen Kriegsplan durchführen. Solchem einheitlichen Vorgehen müssen auch die Arbeitgeberverbände einheitlich entgegentreten und dies läßt sich nur dann durchführen, wenn die Arbeitgeberverbände miteinander in dauernder Verbindung stehen, und wenn eine Zentralstelle vorhanden ist, die durch alle Verbände dauernd über die Arbeiterbewegungen auf dem Laufenden erhalten wird. So ist die Zentralstelle einmal in der Lage, den Arbeitgeberverbänden die Erfahrungen und Entschließungen der anderen Verbände zugänglich zu machen, sie ist aber außerdem im Falle eines Angriffs der Arbeiterorganisationen imstande, den Angreifern auf verbreiterter Grundlage mindestens eben so starke Verteidigungsmittel entgegenzustellen, sei es durch die Sperre der ausständigen Arbeiter über den Bezirk des angegriffenen Verbandes hinaus, sei es durch die finanzielle Stärkung des betroffenen Arbeitgeberverbandes mit Hilfe der in der Zentrale vereinigten übrigen Industrien und Verbände. Wir können die Bedeutung einer solchen Zentralorganisation kaum besser würdigen, als indem wir uns der Ausführungen bedienen, die ein Gewerkschaftler, Dr. August Müller in einer in Gewerkschaftskreisen viel beachteten Broschüre „Gewerkschaften und Unternehmerverbände" über die Zentralisation der Unternehmerverbände macht. Sie lauten:

„Bis zum Jahre 1904 herrschte unter den Unternehmerorganisationen ein wirres Durcheinander. Eine große Zahl von Unternehmerverbänden — im Jahre 1903 verzeichnet das Reichsadreßbuch für Handel und Industrie 263 Vereine, die für einen Beruf bestehen, und 46, die verschiedene Berufe umfassen — leben ihr selbständiges Dasein und verfolgen ihre Zwecke, ohne Fühlung miteinander zu nehmen. Hier und da geschaffene Kartellverträge vermögen die Folgen der Isolierung nicht aufzuheben; die ungeheure Zersplitterung der Unternehmerverbände bedeutet ihre Ohnmacht. Sie waren stark genug, um sich den Mund nach Zuchthausvorlagen wund zu schreien, aber die Anforderungen der Selbsthilfe, die gepredigt wurde, als die Hoffnungen auf die Erdrosselung der Koalitionsfreiheit durch die Gesetzgebung eingesargt werden mußten, konnten sie nicht erfüllen. Wollten die Unternehmer den Gewerkschaften mit der Aussicht auf Erfolg entgegentreten, dann war unerläßlich, den Kampf einheitlich zu führen, die zahlreichen Unternehmerorganisationen zu gemeinsamem, planmäßigem Handeln zu befähigen. Das starke Wachstum der Arbeiterorganisationen lehrte die Unternehmer die Bedeutung der Zentralisation erkennen."

Wir brauchen diesen Ausführungen etwas Weiteres um so weniger hinzuzufügen, als sie aus dem Lager der grimmigsten Gegner des Unternehmertums kommen.

Wesen und Organisation der Hauptstelle Deutscher Arbeitgeberverbände.

Die Hauptstelle Deutscher Arbeitgeberverbände stellt nach ihren im Anhang abgedruckten Satzungen eine Vereinigung von Arbeitgeberverbänden und einzelnen Industriellen dar, die das Deutsche Reich als Bezirk umfaßt und ihren Sitz in Berlin hat (§ 1). Der Regelfall ist die Mitgliedschaft von Verbänden, die Mitgliedschaft einzelner industrieller Firmen ist an die Voraussetzung geknüpft, daß diese Firmen wegen ihres Sitzes oder wegen anderer Verhältnisse behindert sind, sich einem Arbeitgeberverbande anzuschließen (§ 4). Die Selbständigkeit der einzelnen Verbände läßt die Hauptstelle völlig unangetastet. Über die Aufnahme eines Mitgliedes entscheidet der Vorstand der Hauptstelle, gegen dessen ablehnende Entschließung steht dem Aufnahmesuchenden Berufung an den Ausschuß zu. Der Austritt kann nur für den Schluß des Kalenderjahres, das zugleich das Geschäftsjahr der Hauptstelle darstellt, erfolgen und zwar nach sechsmonatiger vorheriger Kündigung. Der Austretende verliert jeden Anspruch an das Vermögen der Hauptstelle.

Neben dieser ordentlichen Mitgliedschaft sehen die Satzungen noch ein Kartellverhältnis mit solchen Verbänden vor, die aus inneren Gründen behindert sind, Mitglieder der Hauptstelle zu werden (§ 11).

Die Organe der Hauptstelle sind ein aus 11 Mitgliedern bestehender Vorstand (§§ 11—15), ein aus den Vorstandsmitgliedern, sowie 22 weiteren Mitgliedern bestehender Ausschuß (§§ 17—20), die Verbandsversammlung aller Mitglieder (§§ 21 bis 26), sowie die Geschäftsführung (§ 16). Dem Vorstande steht die Vertretung der Hauptstelle in allen ihren Rechten und Verbindlichkeiten zu. Der Ausschuß ist zuständig für eine Reihe der die Finanzgebahrung betreffenden Fragen, ferner für die Gewährung von Unterstützungen an die Verbandsmitglieder; er kann außerdem die Einhebung eines außerordentlichen Beitrages bis zur Höhe des dreifachen Jahresbeitrages anordnen. Der Verbandsversammlung liegen unter anderem die nötigen Wahlen der Vorstands- und Ausschußmitglieder, sowie die Festsetzung der Mitgliederbeiträge ob. Die in der Versammlung vertretenen Verbände haben für je 10000 beschäftigte Arbeiter eine Stimme (§ 22). Die Geschäftsführung untersteht der Leitung des Geschäftsführers des Zentralverbandes Deutscher Industrieller, wird aber von einem vom Vorstande zu ernennenden besonderen Vorsteher besorgt (§ 16).

Ziele und Aufgaben der Hauptstelle im allgemeinen.

Die Hauptstelle Deutscher Arbeitgeberverbände soll auch ihrerseits diejenigen Aufgaben erfüllen, die in dem Abschnitte über die Aufgaben der Arbeitgeberverbände bereits angedeutet worden sind. Nicht als eine Kampfesorganisation ist die Hauptstelle gegründet worden, nicht als eine Herausforderung der Arbeiterschaft, dazu beitragend, den bestehenden Gegensatz zwischen Unternehmertum und Arbeiterschaft zu verschärfen, sondern als eine Abwehrorganisation der in die Verteidigungsstellung gedrängten Unternehmer. Die Hauptstelle soll den Frieden pflegen, solange es möglich ist, sie soll jedoch eine scharfe Waffe darstellen, wenn der Friede mutwillig von der Arbeiterschaft gestört wird. Vor allem soll sie ein starkes Bollwerk sein gegenüber den immer größer werdenden und dreister auftretenden Machtansprüchen der sozialdemokratischen und gewerkschaftlichen Organisationen. Gerade durch dieses energische Entgegentreten wird die Hauptstelle dazu beitragen, daß der Friede mehr als bisher erhalten bleibt, denn die gegnerische Organisation wird es sich reiflich überlegen müssen, ob sie mit undurchführbaren Forderungen auftritt, wenn sie erkennt, daß ihr die vereinigte Arbeitgeberschaft geschlossen gegenübersteht.

Darum ist auch für das Eintreten der Hauptstelle Voraussetzung, daß eine eingehende und sachliche Prüfung der Arbeiterbewegung und der aufgestellten Forderungen der Arbeiter vorhergegangen ist und diese Prüfung das Unberechtigte des Vorgehens der Arbeiter oder das Unberechtigte ihrer Forderungen festgestellt hat. Daß dies nicht eine bloße Phrase ist, das hat die Hauptstelle im Verkehr mit ihren Mitgliedern mehrfach bewiesen.*) Diese Tatsache unterscheidet die Hauptstelle wesentlich von den

*) Vergleiche auch das Seite 22 abgedruckte Rundschreiben der Hauptstelle.

Gepflogenheiten der Gewerkschaften, die ohne irgend welche Prüfung lediglich auf eine unkontrollierte Benachrichtigung über angebliche Differenzen in einem Betriebe nicht bloß den betreffenden Betrieb, sondern meist sofort den ganzen Ort für den Zuzug der Arbeiter sperren, und diese Sperre, wie jüngst durch ein oberlandesgerichtliches Urteil in Hamburg festgestellt worden ist, „aus Schikane" selbst dann noch aufrechterhalten, wenn die Differenzen längst beseitigt sind.*)

In Erfüllung der ihr obliegenden Aufgaben soll die Hauptstelle zunächst dazu dienen, die öffentliche Meinung über die Verhältnisse in der Industrie, sei es im allgemeinen, sei es im besonderen, bei dem Vorliegen eines bestimmten Falles aufzuklären. Sie hat ferner zur Verfolgung ihres Zweckes die Bewegungen in der Arbeiterschaft und deren Ursachen zu beobachten und zu erforschen, den Zusammenschluß der Unternehmer in Arbeitgeberverbänden nach Kräften zu fördern, für den gegenseitigen Austausch der Erfahrungen, für die Verständigung in taktischen Fragen und überhaupt für die Klärung und Übereinstimmung der Ansichten der Mitglieder zu sorgen. Sie soll jederzeit durch ihre berufenen Organe ihren Mitgliedern mit Rat und Unterstützung zur Seite stehen.

Wie dem einzelnen Arbeitgeberverbande, so steht auch der Hauptstelle als Mittel zur Abwehr eines unberechtigten Angriffs der Arbeiter in erster Linie die Anordnung zur Verfügung, daß die unberechtigt streikenden Arbeiter innerhalb des Einflußgebietes der Hauptstelle bis zur endgültigen Erledigung der Arbeiterschwierigkeit nicht aufgenommen werden; die breitere Grundlage, auf welcher die Hauptstelle aufgebaut ist, verleiht naturgemäß dieser Anordnung eine nachdrücklichere Wirksamkeit. Ebenso ist dies bei einer geldlichen Beihilfe an die Verbandsmitglieder der Fall, deren Aufbringung auf die breiten Schultern aller in der Hauptstelle vereinigten Industrien gelegt werden kann. Zur etwaigen Anordnung einer Aussperrung ist die Entscheidung der Verbandsversammlung erforderlich, eine solche Aussperrung kann jedoch nur mit Zustimmung der betroffenen Mitglieder angeordnet werden (§ 32 Abs. 3 und § 33 Abs. 2 der Satzungen).

---

*) Selbst ein Gewerkschaftsblatt, nämlich die Holzarbeiterzeitung, beklagt sich in ihrer Nummer vom 6. Oktober 1906 über solche leichtfertigen, auch den Arbeiter schädigenden Sperren.

Einzelne Aufgaben im besonderen.

Streikbeihilfe.

Neben der Ausschließung der streikenden Arbeiter von der Annahme in den Betrieben der Verbandsmitglieder ist die Gewährung einer geldlichen Beihilfe im Falle eines Ausstandes oder einer Aussperrung für die Mitglieder von großer Bedeutung. Diese Bedeutung zeigte sich bereits bei dem Crimmitschauer Ausstande, der in dem Augenblicke zusammenbrach, als die deutsche Industrie den angegriffenen Unternehmern eine laufende finanzielle Beihilfe sicherstellte. Aber für die Zukunft erschien die jedesmalige Sammlung solcher Geldmittel von Fall zu Fall weder im Interesse der vom Streik betroffenen Arbeitgeber, noch im Interesse der im Wege des Bittgesuchs anzugehenden übrigen Industrien wünschenswert, vielmehr wurde es für unumgänglich geboten erachtet, in Friedenszeiten Geldmittel anzusammeln, um für den Bedarfsfall jeder Zeit in der Lage zu sein, den betroffenen Unternehmern sofort und ohne den Beigeschmack einer gewissen Wohltätigkeit beizuspringen.

Diese Geldmittel sollen in erster Linie bei den Arbeitgeberverbänden, in zweiter Linie bei der Hauptstelle Deutscher Arbeitgeberverbände, die gewissermaßen eine Reserve darstellen soll, angesammelt werden uud sie sollen, wie aus der erwähnten geschichtlichen Entwickelung hervorgeht, einen Kriegsschatz bilden, der es dem Verbande ermöglicht, einen ihm aufgezwungenen Kampf siegreich zu Ende zu führen. Hierbei muß, um das solidarische Eintreten der übrigen Verbandsmitglieder zu rechtfertigen, für die Zurückweisung des Angriffs ein allgemeines Interesse der im Verband vereinigten Unternehmer vorliegen und es muß der angegriffene Unternehmer selbst, ehe er den Schutz seiner Berufsgenossen in Anspruch nimmt, aus eigener Kraft und aus eigenen Mitteln alles getan haben, was ihm billigerweise zugemutet werden kann. Die gewährten Mittel sollen hiernach die laufenden Kriegskosten decken, sie können aber auch unter Umständen einem einzelnen Arbeitgeber ganz allgemein zur freien Verwendung während des Kampfes überlassen werden, immer jedoch unter der Voraussetzung, daß die Gewährung der Mittel auch den beabsichtigten Erfolg haben wird; denn nicht als eine Unterstützung des Unternehmers soll diese Beihilfe aufgefaßt werden, sondern als ein Mittel, den Streik auf das angegriffene Gebiet zu beschränken und ihn erfolgreich so zu beenden, daß der Ausgang des Streiks zugleich die übrigen Unternehmer für die Folgezeit schützt. Es sind also taktische und strategische Erwägungen, die für die Bewilligung der Geldmittel maßgebend sein müssen. Vielfach werden auch solche finanziellen Beihilfen erst weitere taktische Maßnahmen, z. B. die Durchführung einer Aussperrung ermöglichen.

Diese Grundsätze haben sich in der Wirklichkeit bisher durchaus bewährt, so daß sich die von Anfang an in der Hauptstelle vertretene Auffassung von der Notwendigkeit der Ansammlung größerer Fonds seitens der Verbände und ihrer Zentrale auch in denjenigen Kreisen immer mehr Bahn bricht, welche sich früher ablehnend hierzu verhielten. Diese Erkenntnis wird ferner auch durch die Veröffentlichung des „Geheimprotokolls der Gewerkschaftsvorständekonferenz" zu Berlin vom 19. bis 23. Februar 1906, die wider den Willen der Beteiligten durch den „Anarchisten" erfolgte, wesentlich gestärkt; denn der Bericht über diese Besprechung ergibt, daß es sich hierbei um den von der Generalkommission der Gewerkschaften erwogenen Plan der Schaffung eines „Zentralstreikfonds" handelte, einen Plan, der nach den in der Konferenz erfolgten Ausführungen immer wiederkommen werde und wiederkommen müsse, da die Entwickelung dazu dränge. Die Hauptstelle ist also in dieser Hinsicht von Anfang an richtig vorgegangen.

Die sogenannte Streikversicherung.

Wenn so die Hauptstelle die Vertretung der allgemeinen Interessen der deutschen Unternehmer in den Vordergrund ihrer Aufgaben gestellt hat, so hat sie doch damit keineswegs den kleineren Tagesereignissen, die eine unmittelbare Bedeutung für die übrigen Betriebe und Industrien nicht beanspruchen können, ihre Beachtung und Mitwirkung versagt; im Gegenteil sie hat von Anfang an die Schäden, welche jeder Ausstand für den betroffenen Unternehmer verursacht, voll erkannt und deshalb die Bestrebungen der einzelnen Verbände, ihre Mitglieder für die durch etwaige Streiks entstandenen Verluste zu entschädigen, nach jeder Richtung unterstützt und dies bereits in ihren Satzungen zum Ausdruck gebracht, indem in § 3 Ziffer 5 in Verbindung mit § 31 die Einrichtung eines Garantiefonds für die Streikentschädigung zahlenden Verbände nach Art einer Rückversicherung bei der Hauptstelle als eine dieser obliegende Aufgabe festgestellt worden ist. Die Bearbeitung und die Erledigung dieser Aufgabe hat die Hauptstelle auch sofort in Angriff genommen; bereits im Dezember 1904, als die Frage der sogenannten Streikversicherung in der Öffentlichkeit kaum schon zur Erörterung stand, berief die Hauptstelle eine Vertreterbesprechung der beteiligten Mitglieder und die Beschlüsse dieser Versammlung setzten die Geschäftsführung der Hauptstelle in den Stand im Dezember 1905 mit konkreten Vorschlägen aufzutreten, die dann im Juni 1906 zur Begründung des „Schutzverbandes gegen Streikschäden" führten.

Die Bestrebungen, eine Art Versicherung gegen die durch Ausstände der Arbeiter den Unternehmern entstehenden Verluste zu begründen, reichen bereits eine geraume Zeit zurück. Die Durchführung derselben ist hierbei eine verschiedenartige gewesen.

Unter anderem hat man versucht, das Problem auf rein versicherungstechnischer Grundlage zu lösen, das Unternehmen, die Industria, scheiterte aber besonders daran, daß die Auszahlung der Entschädigung an die Bedingung eines vorherigen Einigungsverfahrens vor dem Gewerbegericht geknüpft war. Einer Gesellschaft zur Entschädigung bei Arbeitseinstellungen, die 1900 in Leipzig gegründet wurde, fehlte die breite Grundlage, auf der jede solche Organisation aufzubauen ist; die Gesellschaft gab aber das Vorbild für die vom Gesamtverband Deutscher Metallindustrieller später gegründete Gesellschaft zur Entschädigung bei Arbeitseinstellungen ab, die das Unternehmen auf eine breitere und lebensfähigere Basis gestellt hat.

Von Anfang an war man in der Hauptstelle der Auffassung, daß ein Versicherungsunternehmen auf kapitalistischer Grundlage ebenso abzulehnen ist, als ein solches mit rein versicherungstechnischen Grundsätzen. Ein Gewinn soll selbstverständlich ausgeschlossen sein, die Gesellschaft soll aus etwaigen Ausständen ebenso wenig Vorteil ziehen können, wie der einzelne betroffene Unternehmer. In einem Rundschreiben an ihre Mitglieder führt die Hauptstelle diese Auffassung aus, indem sie schreibt: „Der Gedanke einer Versicherung gegen die Streikgefahr, also einer im voraus festgesetzten Leistung und Gegenleistung in allen Fällen, ist nach wie vor abzuweisen. Der einzelne Arbeitgeber ist verpflichtet, in Selbstverantwortlichkeit gegenüber seinen Arbeitern wie seinen Berufsgenossen ernstlich zu prüfen, ob die Wünsche seiner Arbeiter berechtigt und erfüllbar sind, und ob er anderseits sich mit dem gemeinsamen Empfinden und den gemeinsamen Interessen seiner Berufsgenossen bei der Verweigerung oder der Anerkennung der Wünsche der Arbeiter in Einklang befindet." Auf die Auszahlung einer Entschädigung wird hiernach dem Mitgliede ein unbedingter Rechtsanspruch nicht zuzugestehen sein, die Entscheidung über die Auszahlung muß vielmehr in die Hände eines Organes gelegt werden, das den zugrunde liegenden Ausstands- oder Aussperrungsfall auch in sozialpolitischer Hinsicht zu prüfen verpflichtet ist und eine Entschädigung nur dann auswerfen darf, wenn diese Prüfung ein einwandsfreies und berechtigtes Handeln des Unternehmers festgestellt hat.

Diese Prüfung ist nun, wie wir an anderer Stelle ausgeführt haben, die hervorragendste und oberste Aufgabe der Arbeitgeberverbände und aus diesem Grunde erscheint es nicht angebracht, die Frage der Streikentschädigung von diesen Arbeitgeberverbänden loszulösen und besonderen Gesellschaften zu übertragen. Diesen Erwägungen hat auch bereits eine größere Anzahl der der Hauptstelle angeschlossenen Arbeitgeberverbände Rechnung getragen. Die Satzungen solcher Arbeitgeberverbände schließen einen Rechtsanspruch des Mitgliedes auf die Entschädigung ausdrücklich aus, es erfolgt ferner eine Prüfung durch die Verbandsorgane und, um auch den Schein auszuschließen, als habe das Mitglied ein Interesse an dem Ausbruch des Ausstandes oder an seiner längeren Dauer, ist die Entschädigung nur auf einen Teil des entstandenen Schadens beschränkt.

An diese Ordnung knüpft die Hauptstelle an. Sie sucht durch eine Art Rückversicherung diese Entschädigungen auf eine breitere Grundlage zu stellen dergestalt, daß bei einem größeren Umfange der Bewegung und bei längerer Dauer die Zahlung der Entschädigung auf den Schutzverband gegen Streikschäden übernommen wird. Die aufgestellten Satzungen können und wollen nicht beanspruchen, die Frage endgültig und einwandsfrei gelöst zu haben, die Praxis wird vielmehr lehren, inwieweit die einzelnen Bestimmungen abzuändern sind. Im Mangel von Erfahrungen und mangels jeden Vorbildes konnte es sich hier nur darum handeln, den einzuschlagenden Weg im allgemeinen festzulegen und sich dabei vorzubehalten, die einzelnen Ausführungsbestimmungen den in der Praxis späterhin zu sammelnden Erfahrungen anzupassen. Vor der Hand war es die Aufgabe der Hauptstelle, die Bestimmungen so zu fassen, daß der Schutzverband auch wirklich in der Lage ist, seine satzungsmäßigen Verpflichtungen zu erfüllen; wenn hiernach bei der Aufstellung der Leistungen mit größter Vorsicht vorgegangen ist, so wird man dies im Interesse der beteiligten Mitglieder nur billigen können.

Die Hauptstelle glaubt hiernach ihren Mitgliedern den weitestgehenden Schutz auch in finanzieller Hinsicht bieten zu können: handelt es sich darum, die Unternehmer in solchen wirtschaftlichen Kämpfen mit den Arbeiterorganisationen finanziell zu unterstützen, die, sei es wegen der grundsätzlichen Wichtigkeit der von den Arbeitern erhobenen Forderungen, sei es wegen des erheblichen Umfanges der an der Bewegung Beteiligten, die Interessen größerer Kreise der deutschen Industrie berühren, so steht die Hauptstelle mit ihren angesammelten Fonds und mit der Möglichkeit, auf Grund der Satzungen wegen weiterer Hilfsaktion an ihre übrigen Mitglieder heranzugehen, als Reserve den Verbänden zur Verfügung; hat dagegen der Arbeitgeberverband eine finanzielle Unterstützung seiner Mitglieder auch bei solchen Arbeiterbewegungen, die das erwähnte allgemeine Interesse nicht beanspruchen, deren Gründe vielmehr in besonderen Verhältnissen des Ortes oder des einzelnen Betriebes liegen, und deren Teilnehmerzahl verhältnismäßig eng begrenzt ist, zu seinen weiteren Aufgaben gemacht, so findet er bei dem Schutzverband gegen Streikschäden eine Rückdeckung. So bietet die Hauptstelle ihren Mitgliedern eine doppelte finanzielle Sicherung.

Schutz der Arbeitswilligen.

Wir haben im vorstehenden bereits Gelegenheit nehmen müssen, auszuführen, wie einseitig auch in bürgerlichen Kreisen vielfach zugunsten der Arbeiter Partei genommen wird. Selbst solche Kreise, die sonst Anspruch darauf erheben, nur nach rein sachlichen Erwägungen zu handeln, treten vielfach ohne genaue Prüfung der Sachlage sofort auf die Seite der Streikenden, sie meinen, die Forderung der Arbeiter, ihre Lage zu verbessern, sei immer berechtigt und sie fühlen mit den Arbeitern Sympathie, weil sie nach ihrer Meinung die „wirtschaftlich Schwächeren" sind. Berechtigt vom Standpunkte der Arbeiter aus ist allerdings das Verlangen, ihre Lage zu bessern, immer, das ist richtig und wer nicht persönlich als verantwortlicher Leiter eines Betriebes dabei beteiligt ist und infolgedessen die Wirkung für den Betrieb nicht zu spüren hat, der mag leicht dazu kommen, zu sagen, daß der Unternehmer alle solche Forderungen erfüllen müsse; daß er sie erfüllen könne, das nehmen viele Kreise, die dem industriellen Leben fernstehen, meist ohne weiteres an. Leider ist es aber nicht so, der Unternehmer muß sich vielmehr jedesmal fragen, ob die Forderung der Arbeiter, auch wenn ihre Erfüllung an sich wünschenswert ist, nach Lage seines Betriebes und seiner Industrie auch durchführbar ist, denn der Unternehmer ist ebensowenig immer der wirtschaftlich starke Mann, wie der Arbeiter unter den gegenwärtigen Verhältnissen, wo die Arbeiterfrage im Vordergrunde aller öffentlichen Erörterungen steht, und dem Arbeiter von allen Seiten Hilfe zuteil wird, noch als der „wirtschaftlich Schwächere" angesehen werden kann.

Die einseitige Parteinahme für die Streikenden geht nun verschiedentlich sogar soweit, daß diejenigen, welche sich von den Ausständen ausschließen und in der weiteren Erfüllung ihrer Vertragspflichten gegenüber dem Unternehmer ihre Aufgabe sehen, als minderwertige Elemente angesehen werden. Bei einem Volke, das, wie das deutsche Volk im allgemeinen von einem starken Rechtsbewußtsein erfüllt ist, ist diese Verdrehung der Begriffe befremdend und nur aus der oben erwähnten irrtümlichen Anschauung über die Lage des Unternehmers einigermaßen erklärlich. Selbst das massenhafte Niederlegen der Arbeit unter

Kontraktbruch und die damit verbundenen ganz enormen Schädigungen der **Volkswohlfahrt** halten gewisse Kreise von ihrer Sympathie für die Streikenden nicht zurück. Gewiß mag es unter denen, welche sich einem Ausstande nicht anschließen, mitunter auch Elemente gegeben haben und noch geben, die hierbei irgend welche Vorteile für sich zum Schaden ihrer Mitarbeiter herausschlagen wollen, aber bei der gegenwärtigen Streiklage, wo sich ein nicht unerheblicher Teil der Arbeiterschaft fortdauernd im Ausstande befindet und wo nachgewiesenermaßen die Ausstände vielfach nur dazu dienen sollen, den Arbeiterorganisationen neue Mitglieder zuzuführen, weil im gegenseitigen Konkurrenzkampfe um die Anwerbung neuer Mitglieder derjenige Verband durchdringt, der die radikalsten Forderungen stellt und die meisten Versprechungen macht, ohne sich um ihre Erfüllbarkeit zu kümmern,*) da kann von einer moralischen Minderwertigkeit derjenigen, welche sich zu einem solchen Treiben nicht hergeben, keine Rede sein. Im Gegenteil gehört in der Gegenwart ein größerer moralischer Mut dazu, dem Treiben der Genossen entgegenzutreten, als sich willenlos von ihnen führen zu lassen. Für den Streikterrorismus der Organisationsmitglieder bieten ja die Ausstände der letzten Jahre genügend Beispiele, trotzdem natürlich nur die allerwenigsten Fälle in die Öffentlichkeit dringen.

Diese Arbeitswilligen zu schützen, soll das Bestreben der

*) Zu vgl. aus jüngster Zeit den Ausstand auf Rote Erde in Aachen, nach dessen Beendigung in den christlichen Gewerkschaften nahestehenden Blättern zugegeben wurde, daß der Ausstand von dem Hirsch-Dunckerschen Gewerkverein angezettelt war, lediglich um Mitglieder zu fangen. Die „Berliner Volkszeitung" vom 22. September 1906 gab eine offenbar von den Hirsch-Dunckerschen Gewerkvereinen selbst inspirierte Darstellung über die Entstehung dieses Ausstandes, aus welcher hervorging, daß die Arbeiter von Rote Erde selbst mit den Arbeitsbedingungen durchaus zufrieden waren und daß es wochenlanger und äußerst mühevoller Arbeit seitens des Gewerkvereinsbeamten bedurfte, die Arbeiter zum Ausstande zu veranlassen. Das „Echo der Gegenwart", eine Aachener, den christlichen Gewerkschaften nahestehende Zeitung, führte nach Beendigung des Kampfes aus, daß der Ausstand zwar von vornherein aussichtslos und lediglich eine frivole Mache des Gewerkvereinsbeamten war, der Mitglieder fangen wollte, daß aber die anderen Arbeiterorganisationen aus Konkurrenzrücksichten mitmachen mußten (!). Deutlicher kann wohl das Ziel, durch die Ausstände lediglich die Organisation zu stärken, nicht zum Ausdrucke gebracht werden.

Hauptstelle sein, und sie wird deshalb auch alle Maßnahmen der Arbeitgeberverbände unterstützen, die auf solchen Schutz hinauslaufen.

Ausdehnung der Arbeitsnachweise.

Die Bemühungen, für die Arbeiter Arbeitsnachweisstellen zu begründen, sind von jeher besonders lebhaft gewesen. Beteiligte und Unbeteiligte haben sich mit der Lösung dieses Problems beschäftigt und ihre Ideen zum Teil unter Aufwendung recht erheblicher Kostendurchzusetzen versucht. Es liegt auf der Hand, daß eine geregelte Arbeitsvermittelung nicht nur im Interesse des Arbeiters, sondern auch im Interesse des Unternehmers liegt. Die Umschau, auf welche der Arbeiter mangels einer geregelten Arbeitsvermittelung in erster Linie verwiesen ist, ist für den Arbeiter schwierig, auch mit Zeit- und Geldopfern verknüpft; für den Unternehmer bietet sie nicht die Gewähr, daß der rechte Mann an die rechte Stelle gesetzt wird, die Annahme hängt vielmehr meist vom Zufalle ab, vielfach auch von dem Ermessen untergeordneter Organe, an welche sich der stellesuchende Arbeiter zunächst wendet. Das Inserat ist für beide Seiten kostspielig und langwierig. Der private Stellenvermittler endlich ist leicht geneigt, mehr auf sein persönliches Interesse als auf das der kontrahierenden Teile zu sehen. Die geregelte Stellenvermittelung durch Arbeitsnachweise dagegen bietet den Vorteil, daß von diesen Stellen eine bessere und zutreffendere Beurteilung des Arbeiters nach seinen Fähigkeiten vorgenommen werden kann als vom einzelnen Unternehmer, und daß ferner aus dem vorliegenden Bewerbermaterial für die zu besetzende Stelle der am besten passende Arbeiter zugewiesen werden kann.

Wenn nun der Unternehmer, dem ja das Recht der Auswahl der zu beschäftigenden Arbeiter zusteht, sich freiwillig des Rechtes begibt, selbst Umschau zu halten und sich die geeigneten Arbeiter selbst zu suchen, diese Auswahl vielmehr der Arbeitsnachweisstelle überläßt, so muß er die Gewähr haben, daß diese Arbeitsnachweisstelle nicht etwa in den Fällen, in denen er ihrer am meisten bedarf, versagt oder gar sich in eine Waffe gegen ihn selbst kehrt. Aus diesem Grunde sind naturgemäß ohne weiteres diejenigen

Arbeitsnachweise abzulehnen, welche einseitig von den Arbeitern oder ihren Organisationen eingerichtet sind; denn solche dienen bereits in friedlichen Zeiten in erster Linie den einseitigen Interessen der Arbeiterorganisationen, im Kriegsfalle, bei Ausständen, Aussperrungen und sonstigen Arbeiterbewegungen werden sie als ein Kampfmittel gegen den Unternehmer benutzt. Die sogenannten paritätischen Nachweise, die namentlich auch von verschiedenen Regierungen gefördert werden, bemühen sich zwar, den beiderseitigen Interessen möglichst unparteiisch nachzukommen, eine solche unparteiische Handhabung stößt aber in der Wirklichkeit bei ihnen auf außerordentliche Schwierigkeiten, die sich besonders bei Arbeitskonflikten herausstellen. Diese Schwierigkeiten sind so bedeutend, daß ein großer Teil solcher Arbeitsnachweise bisher einen Ausweg daraus noch nicht gefunden und deshalb Bestimmungen über das Verhalten des Nachweises in Streik- oder Aussperrungsfällen einfach nicht in die Satzungen aufgenommen hat, das Verfahren also in solchen Fällen von der Willkür der leitenden Personen abhängig macht. Den Unternehmer kann natürlich ein solcher Standpunkt nicht befriedigen. Auch wo bei solchen Nachweisen Bestimmungen über das Verhalten bei Ausständen usw. getroffen sind und diese Vorschriften insbesondere darin gipfeln, daß den sich meldenden Arbeitern von der Bewegung Mitteilung zu machen ist, wirkt diese auf den ersten Blick allerdings unparteiisch erscheinende Maßnahme doch in der Wirklichkeit bei der straffen Kontrolle, die die Arbeiter in Streikfällen hinsichtlich sogenannter Streikbrecher ausüben, tatsächlich gegen den Unternehmer. Zu diesen praktischen Nachteilen kommt noch der, daß die Arbeiterorganisationen, wenn sie sich neuerdings zu solchen paritätischen Arbeitsnachweisen etwas freundlicher stellen, ja zum Teil solche erstreben, dies nur tun, um auf diesem Wege mit der Zeit zu einseitigen Arbeitnehmernachweisen zu gelangen und sich hierdurch die Alleinherrschaft in der Arbeitsvermittelung und damit in der Feststellung der Arbeitsbedingungen überhaupt anzueignen. Denn das bleibt nach wie vor ihr Ziel, wie es auf dem zweiten Gewerkschaftskongreß übrigens ausdrücklich betont wurde. Die paritätischen Nachweise werden von ihnen nur als Übergang zu den einseitigen betrachtet und benutzt.

Sonach kann nur der Arbeitsnachweis in den Händen der Unternehmer selbst diesen volle Garantie für eine ihren berechtigten Interessen entsprechende Handhabung bieten.*) Dies wird

*) Eine Würdigung der Erfolge der Arbeitgeberarbeitsnachweise siehe Reichsarbeitsblatt vom Dezember 1906, Seite 1100 flg. Hier wird nachgewiesen, daß die von den Arbeitgebern eingerichteten Nachweise gegenüber den übrigen Arbeitsnachweisen die größte Bedeutung haben. Der Bericht führt unter anderem hierüber aus: „Was die Ergebnisse der Arbeitsnachweise, soweit sie von Arbeitgeberverbänden der Industrie gegründet worden sind, angeht, so sind sie bedeutend, besonders im Hinblick auf die wenigen Jahre, seit denen sie bestehen."

Dagegen bemerkt der Bericht zu den öffentlichen Arbeitsnachweisen, daß deren Bedeutung zurzeit noch gering ist, so hätten von den in Preußen vorhandenen 276 kommunal oder kommunal unterstützten Arbeitsnachweisen nur etwa 70 eine gewisse Bedeutung, in Bayern von 68 bestehenden nur 20, in Württemberg sei das Netz der kommunalen Arbeitsnachweise etwas enger als in Preußen und Bayern, in Sachsen aber spielten diese Nachweise überhaupt gar keine Rolle.

Über die Arbeitsnachweise der Gewerkschaften heißt es: „Bisher haben nur die freien Gewerkschaften in größerer Anzahl Arbeitsnachweise errichtet. Aber auch hier sind die Gesamtleistungen verhältnismäßig gering geblieben."

Über die Bedeutung der einzelnen Arbeitsnachweise gibt die folgende Tabelle eine Vorstellung:

Die Zahl der Arbeitsnachweise:

1. Innungsnachweise	2 400
2. Arbeitnehmer-Arbeitsnachweise	1 000
3. Öffentliche allgemeine Arbeitsnachweise	400
4. Paritätische Facharbeitsnachweise	60
5. Kaufmännische Arbeitsnachweise	60
6. Arbeitgeber-Arbeitsnachweise	30
7. Arbeitsnachweise der Landwirtschaftskammern . . .	11

Die Vermittelungsergebnisse der Arbeitsnachweise:

1. Öffentlicher allgemeiner Arbeitsnachweis	550 000
2. Arbeitgeber-Arbeitsnachweis	230 000
3. Innungsnachweis	213 000
4. Arbeitnehmer-Arbeitsnachweis	120 000
5. Paritätischer Facharbeitsnachweis	51 000
6. Arbeitsnachweis der Landwirtschaftskammern . . .	50 000
7. Kaufmännischer Arbeitsnachweis	25 000

Die durchschnittliche Vermittelungsziffer der einzelnen Arbeitsnachweisform:

1. Arbeitgeber-Nachweis	7 666
2. Arbeitsnachweis der Landwirtschaftskammern . . .	4 545

auch in den Kreisen der Industriellen immer mehr erkannt. Diese Erkenntnis zu fördern und auf die weitere Ausdehnung solcher Arbeitsnachweise hinzuwirken, ist eine weitere Aufgabe der Hauptstelle, der sie sich auch bereits mit Erfolg gewidmet hat.

Streikklausel.

Der erfolgreichen Durchführung eines Kampfes gegen übertriebene Forderungen der Arbeiter, beziehentlich ihrer Organisationen, stellen sich nicht selten Schwierigkeiten entgegen, die aus den abgeschlossenen Lieferungsverträgen der Unternehmer folgen. Es können Fälle eintreten — und sind tatsächlich auch eingetreten —, in denen der Unternehmer dem Andrängen der Arbeiter nur deshalb nachzukommen gezwungen ist, weil er durch Lieferungsverträge sich zu rechtzeitiger und vollständiger Lieferung gegenüber seinem Abnehmer verpflichtet hat und im Falle des Ausstandes seiner Arbeiter und dadurch veranlaßte Unmöglichkeit oder Verspätung der Lieferung in die Verzugsstrafe verfällt. Es ist deshalb das Bestreben der Hauptstelle, dem Unternehmer auch nach dieser Richtung eine größere Unabhängigkeit bei der Beurteilung der erhobenen Forderungen zu gewährleisten und es gehört zu ihren Aufgaben, die Durchführung der Streikklausel, welche in dieser Hinsicht die Haftung des Unternehmers vermindern soll, zu fördern. Von der Rechtsprechung wird bisher der Streik und die dadurch veranlaßte Unmöglichkeit der Lieferung nur in den seltensten Fällen als ein Ereignis angesehen, welches den Lieferer von der Lieferungsverpflichtung befreit oder diese hemmt. Hiernach muß es Sache der Vereinbarung unter den Beteiligten sein, diesen Ereignissen vertragsmäßig eine solche Wirkung beizulegen. Auch nach dieser Richtung ist die Hauptstelle bereits mit Erfolg tätig gewesen und

---

3. Öffentlicher allgemeiner Arbeitsnachweis	1 375
4. Paritätischer Facharbeitsnachweis	850
5. Kaufmännischer Arbeitsnachweis	416
6. Arbeitnehmer-Arbeitsnachweis	120
7. Innungsnachweis	88

Man sieht aus obiger Tabelle, daß die Arbeitgeber-Nachweise zwar ihrer Zahl nach erst an sechster Stelle, ihrer Vermittelungstätigkeit nach aber an zweiter und erster Stelle stehen.

hat einer von ihr aufgestellten Streikklausel schon in weiteren Kreisen Geltung verschaffen können.

Stellenvermittelung für kaufmännische und technische Beamte.

Die Hauptstelle hat es in Erweiterung ihrer Tätigkeit ferner übernommen, den Industriellen bei der Besetzung offener kaufmännischer und technischer Beamtenstellen durch Vorschläge geeigneter Bewerber an die Hand zu gehen. Zu diesem Zwecke ist in den Räumen der Hauptstelle eine Stellenvermittelung für kaufmännische und technische Beamte der deutschen Industrie errichtet worden, deren Benutzung für alle Industriellen und auch für die Bewerber gebührenfrei ist. Über die Stellung suchenden Bewerber werden von der Hauptstelle eingehende Erkundigungen bei deren früheren Prinzipalen und anderen mit den Verhältnissen der Bewerber vertrauten Personen eingezogen.*) Die Hauptstelle ist daher in der Lage, den sich an sie wendenden Firmen nur solche Bewerber vorzuschlagen, die sich nach den eingeholten Auskünften als tüchtig und vertrauenswürdig erwiesen haben.

Pflichten der Mitglieder. Beiträge.

Die Pflichten der Mitglieder bestehen darin, daß sie der Hauptstelle die nötigen Nachweisungen und Anzeigen erstatten, daß sie von jedem bei ihnen ausgebrochenen Streik, von jedem ausgesprochenen Boykott und von jeder Aussperrung Anzeige und über den Verlauf und Ausgang solcher Differenzen Mitteilung zu machen, daß sie ferner den gemäß den Satzungen getroffenen Maßnahmen zum Schutze einzelner Mitglieder Folge zu leisten, und daß sie endlich den festgesetzten Jahresbeitrag zu entrichten haben. Die Höhe dieses Beitrages wird alljährlich durch die

*) Selbstverständlich nur, soweit der Bewerber solche Erkundigungen nicht etwa ausgeschlossen hat.

Verbandsversammlung festgesetzt.*) Maßgebend sind im allgemeinen die der Berufsgenossenschaft aufgegebenen Lohnsummen. Wo die Festsetzung der Jahreslohnsumme Schwierigkeiten macht, ist der Vorstand der Hauptstelle ermächtigt, nach Vereinbarung mit dem

*) Es ist von Interesse, hier anzuführen, welche Beiträge der Arbeiter jährlich an seine Gewerkschaft entrichtet. Hierüber gibt nachfolgende Tabelle Auskunft, welche die Durchschnittsbeiträge anführt:

	Mk.		Mk.
Notenstecher	58,95	Hafenarbeiter	19,87
Buchdrucker	55,67	Schuhmacher	19,78
Buchdrucker Els.-Lothr.	47,40	Bäcker	19,73
Lithographen	44,32	Lederarbeiter	19,31
Bildhauer	42,55	Vergolder	18,23
Formstecher	36,87	Glasarbeiter	17,22
Wäschearbeiter	35,16	Seeleute	16,99
Handschuhmacher	28,63	Werftarbeiter	16,87
Zigarrensortierer	27,84	Portefeuiller	16,80
Holzarbeiter	27,06	Schiffszimmerer	16,59
Zimmerer	25,88	Handels- und Transportarbeiter	16,49
Kupferschmiede	25,10	Barbiere	16,45
Hutmacher	24,99	Kürschner	15,35
Tapezierer	24,89	Glaser	15,32
Stukkateure	24,41	Schmiede	15,31
Tabakarbeiter	24,38	Zivilmusiker	15,30
Porzellanarbeiter	23,05	Gärtner	14,80
Metallarbeiter	22,96	Steinarbeiter	14,13
Töpfer	22,39	Fabrikarbeiter	13,74
Bauarbeiter	21,96	Lagerhalter	13,66
Graveure	21,84	Schneider	12,91
Sattler	21,55	Konditoren	12,44
Maler	21,49	Böttcher	12,15
Müller	21,21	Bureauangestellte	12,05
Buchbinder	21,07	Textilarbeiter	11,73
Gastwirtsgehilfen	20,96	Gemeindearbeiter	11,40
Steinsetzer	20,46	Fleischer	10,87
Asphalteure	20,43	Maschinisten	10,79
Brauereiarbeiter	20,11	Bergarbeiter	10,13
Maurer	20,06		

Der Arbeiter bezahlte also im Jahre 1905 allein an seine Gewerkschaft durchschnittlich 22 Mk, ungerechnet der Extrabeiträge an die Gewerkschaftskartelle, der Extrasammlungen bei Ausständen, der Beiträge an die politische Organisation usw.

betreffenden Verbandsvorstand die der Berechnung zugrunde zu legende durchschnittliche Lohnsumme festzustellen. Die Jahresbeiträge werden nach Abzug der Verwaltungskosten zur Begründung und Ergänzung des zur Unterstützung der Mitglieder benötigten Fonds verwendet.

Schlussbemerkungen.

Es ist im Eingange dieses Schriftchens dargelegt worden, daß der Zusammenschluß der Unternehmer zu Arbeitgeberverbänden und die Zentralisation der Arbeitgeberverbände, von einzelnen Fällen abgesehen, in der Hauptsache erst eine Erscheinung der neuesten Zeit ist, die Bewegung steht also erst am Anfang ihrer Entwickelung. Wenn die Arbeitgeberverbände trotz dieser kurzen Zeit eine solche Ausdehnung angenommen haben, daß sie den Vorsprung, den die Arbeiterorganisationen infolge ihres langjährigen Bestehens gewonnen hatten, bereits jetzt zum mindesten eingeholt haben, so spricht dies besser als alle logischen Darlegungen für die Richtigkeit der getroffenen Maßnahmen und wenn die Arbeitgeber ihre sie sonst trennenden Differenzen beiseite gesetzt haben und der Großindustrielle Schulter an Schulter mit dem kleinen Unternehmer die gemeinsamen Interessen verteidigt, dann zeigt dies mehr als alle theoretischen Erörterungen die Notwendigkeit des abgeschlossenen Bündnisses. Die Hauptstelle Deutscher Arbeitgeberverbände hat es erreicht, daß sie und die von ihr vertretenen Arbeitgeberverbände von den Gewerkschaften als ihre mächtigsten und stärksten Gegner angesehen werden, mit denen unter allen Umständen zu rechnen ist.*)

Das Problem der Zufriedenstellung solcher enormer Arbeiterheere, wie sie in der Neuzeit in die Erscheinung getreten sind, läßt sich, wenn eine Lösung dieses Problems überhaupt möglich ist, jedenfalls nicht an einem Tage, auch nicht in einem Jahre lösen,

---

*) Dies zieht sich immer und immer wieder durch fast alle Veröffentlichungen der Gewerkschaften, so insbesondere auch durch das in vielen Hunderttausenden verbreitete Flugblatt der Generalkommission der Gewerkschaften Deutschlands Nr. 7/1906: „Der organisierte Kampf der Unternehmer gegen die Arbeiter.“

dazu gehört eine langsame Entwickelung, eine langdauernde Lehrzeit für beide Teile, für Unternehmer und Arbeiter. Die Macht der Tatsachen und der Ereignisse aber wird diese Entwickelung auf die Bahn weisen, die zu dem erstrebten Ziele hinführen soll, einen Ausgleich der beiderseitigen Interessen, soweit er bei der Unvollkommenheit aller menschlichen Verhältnisse überhaupt möglich ist, zu schaffen. Jede gewaltsame Einwirkung auf diese Entwickelung, mag sie von unten, von der Masse ausgehen, mag sie von oben, von dem Staate kommen, kann ihr nur von Schaden sein. Die Hauptstelle Deutscher Arbeitgeberverbände nimmt es für sich in Anspruch, diesem Ziele nach einem gerechten Ausgleiche der beiderseitigen Interessen bisher nachgestrebt zu haben, und sie wird an diesem Ziele auch fernerhin unverrückbar festhalten.

Anhang.

Satzungen
der
Hauptstelle Deutscher Arbeitgeberverbände.

Name, Bezirk und Sitz.

§ 1.

Unter dem Namen: Hauptstelle Deutscher Arbeitgeberverbände ist eine Vereinigung von Arbeitgeberverbänden (s. § 4) und einzelnen Industriellen begründet worden, die das Deutsche Reich als Bezirk umfaßt und ihren Sitz in Berlin hat.

Zweck.

§ 2.

Die Hauptstelle Deutscher Arbeitgeberverbände, welche die Selbständigkeit der einzelnen Verbände völlig unangetastet läßt, hat neben dem Bestreben, ein friedliches Zusammenwirken von Arbeitgebern und Arbeitnehmern zu fördern, zum Zweck:

a) durch Vereinigung der in Deutschland bestehenden oder sich neu bildenden Arbeitgeberverbände die gemeinsamen Interessen der Arbeitgeber gegenüber unberechtigten Anforderungen der Arbeitnehmer zn schützen,

b) den Schutz der Arbeitswilligen,

c) die Ausdehnung der Arbeitsnachweise der Arbeitgeber zu fördern,

d) die Streikklausel nach Möglichkeit durchzuführen,

e) den Rechtsschutz der Arbeitgeber in Angelegenheiten von grundsätzlicher Bedeutung zu übernehmen.

§ 3.

Zur Durchführung dieser Zwecke hat die Hauptstelle die Aufgabe:

1. auf den Anschluß der schon bestehenden oder sich neu bildenden Arbeitgeberverbände hinzuwirken,

2. die Gründung neuer Arbeitgeberverbände im Anschluß an die Hauptstelle anzuregen und zu fördern,
3. die Errichtung und Ausgestaltung von Arbeitsnachweisen anzuregen und zu fördern, sowie die bestehenden Arbeitsnachweise miteinander in Verbindung zu bringen und für sie eine Zentrale zu bilden,
4. die Sammlung von Materialien und die Einrichtung eines Nachrichtendienstes über alle für die Gestaltung der Arbeitsverhältnisse und der Arbeiterbewegung bedeutungsvollen Tatsachen zu bewirken,
5. eine Verbindung zwischen den verschiedenen Verbänden zur gemeinsamen Bekämpfung von Streiks und Boykotts der Arbeiter herbeizuführen,
6. den von unberechtigten Streiks oder Boykotts betroffenen Arbeitgebern Hilfe zu gewähren, zunächst durch eine in die Wege zu leitende Unterstützungsaktion der Einzelverbände,
7. eine Verbindung zwischen denjenigen Verbänden, die Streikkassen haben, durch Einrichtung eines Garantiefonds nach Art der Rückversicherung bei der Hauptstelle herbeizuführen.

Mitgliedschaft.

§ 4.

Mitglied der Hauptstelle können werden:

a) Arbeitgeberverbände und wirtschaftliche Vereine, die im Deutschen Reich ihren Sitz haben,
b) einzelne industrielle Firmen, die wegen ihres Wohnsitzes oder wegen anderer Verhältnisse behindert sind, sich einem Arbeitgeberverband anzuschließen.

§ 5.

Die Aufnahme erfolgt durch Beschluß des Vorstandes der Hauptstelle.

Lehnt der Vorstand die Aufnahme ab, so steht dem Antragsteller binnen einem Monat die Berufung an den Ausschuß zu, der endgültig entscheidet.

§ 6.

Der Austritt geschieht auf vorherige mindestens sechsmonatige Kündigung zum Schlusse des Geschäftsjahres. Die Austretenden verlieren mit dem Austritt jeden Anspruch an das Vermögen der Hauptstelle.

Die Hauptstelle besteht auch nach dem Ausscheiden einzelner Mitglieder unter den verbleibenden Mitgliedern fort.

§ 7.

Ausgeschlossen kann ein Mitglied werden:

a) wenn es mit Zahlung der Beiträge für ein Geschäftsjahr im Rückstande geblieben ist,

b) wenn es sich beharrlich weigert, den Satzungen oder ordnungsmäßig gefaßten Beschlüssen der Verbandsversammlung der Hauptstelle Folge zu leisten,

c) wenn es durch sein Verhalten die Interessen der Hauptstelle gröblich verletzt hat.

Der Ausschluß geschieht bei Einzelmitgliedern durch Beschluß des Vorstandes, bei Verbänden durch den Ausschuß. Vor dem Beschlusse ist dem Mitglied Gelegenheit zu geben, sich zu dem Antrag auf Ausschließung zu äußern.

Dem Einzelmitglied steht gegen den Beschluß des Vorstandes Berufung an den Ausschuß, dem Verbande steht gegen den Beschluß des Ausschusses Berufung an die Verbandsversammlung der Hauptstelle zu. Die Berufung hat keine aufschiebende Wirkung.

§ 8.

Die Mitglieder sind verflichtet,

1. der Hauptstelle die von der Verbandsversammlung und dem Ausschusse beschlossenen Nachrichten, Nachweisungen und Anzeigen zu den bestimmten Terminen zu erstatten,
2. die festgesetzten Beiträge zu entrichten,
3. den gemäß den Vorschriften dieser Satzungen oder den Beschlüssen der Verbandsversammlung (§ 33 Abs. 2) vom Vorstande zur Bekämpfung von Arbeiterbewegungen getroffenen Maßnahmen Folge zu leisten.

§ 9.

Die Mitglieder sind befugt,

a) den Rat der Organe der Hauptstelle in allen in deren Geschäftsbereich fallenden Angelegenheiten in Anspruch zu nehmen,

b) die gesammelten Nachweise, Statistiken usw. gemäß der darüber vom Ausschuß zu erlassenden Ordnung bereit gestellt zu erhalten,

c) die Hilfe der Hauptstelle bei der Bekämpfung ungerechtfertigter Ansprüche der Arbeitnehmer anzurufen, über deren Gewährung gemäß §§ 32, 33 in jedem einzelnen Falle entschieden wird.

Mitgliederbeiträge.

§ 10.

Die der Hauptstelle angeschlossenen Einzelmitglieder und Verbände zahlen einen Beitrag, dessen Höhe jährlich auf Antrag des Ausschusses durch die Verbandsversammlung festgesetzt wird. Er ist binnen einem Monat nach geschehener Aufforderung an die Kasse der Hauptstelle abzuführen.

Kartelle.

§ 11.

Mit solchen Verbänden (§ 4a), die aus inneren Gründen behindert sind, Mitglieder der Hauptstelle deutscher Arbeitgeberverbände zu werden, können Kartellverträge abgeschlossen werden.

Vorstand.

§ 12.

Die Hauptstelle wird von einem Vorstande von 11 Mitgliedern geleitet. Vorsitzender des Vorstandes ist der jedesmalige Vorsitzende des Zentralverbandes Deutscher Industrieller. Von den zehn Beisitzern werden vier von dem Direktorium des Zentralverbandes Deutscher Industrieller benannt, die übrigen sechs wählt die Verbandsversammlung für die Zeit von drei Jahren.

Für den Vorsitzenden treten im Behinderungsfalle die von dem Zentralverbande Deutscher Industrieller bezeichneten Stellvertreter ein.

§ 13.

Dem Vorstande steht die Vertretung der Hauptstelle in allen ihren Rechten und Verbindlichkeiten zu. Er hat die Ausführung der Beschlüsse des Ausschusses (§ 17) und der Verbandsversammlung zu besorgen. Er leitet die Angelegenheiten des Verbandes und beaufsichtigt den Geschäftsführer (§ 16).

§ 14.

Die Mitglieder des Vorstandes verwalten ihr Amt als unentgeltliches Ehrenamt. Bare Auslagen werden erstattet.

§ 15.

Der Vorstand ist beschlußfähig, wenn mindestens sechs Mitglieder anwesend sind. Die Beschlüsse des Vorstandes werden mit einfacher Mehrheit gefaßt. Bei Stimmengleichheit gilt der Antrag als abgelehnt.

Über die Verhandlungen und Beschlüsse ist ein Protokoll aufzunehmen.

Geschäftsführung.

§ 16.

Die Geschäfte der Hauptstelle werden von dem Geschäftsführer des Zentralverbandes Deutscher Industrieller in einer von den sonstigen Angelegenheiten des Zentralverbandes gesonderten Abteilung geführt.

Im Behinderungsfalle vertritt ihn in gleicher Weise, wie im Zentralverbande Deutscher Industrieller, sein Stellvertreter.

Die Abteilung muß einen besonderen Vorsteher haben. Dieser wird von dem Vorstande, die Hilfsarbeiter werden, nach Bewilligung des Vorstandes, von dem Geschäftsführer angestellt.

Der Geschäftsführer des Zentralverbandes Deutscher Industrieller sowie dessen Stellvertreter und der Vorsteher der Abteilung sind zur Vertretung der Hauptstelle nach außen, nach Maßgabe der vom Vorstande mit Genehmigung des Ausschusses aufgestellten Geschäftsordnung befugt. Sie sind berechtigt, an allen Sitzungen und Versammlungen der Organe der Hauptstelle mit beratender Stimme teilzunehmen.

Die Mitgliederlisten der Hauptstelle Deutscher Arbeitgeberverbände werden, gesondert von denen des Zentralverbandes Deutscher Industrieller, in der Abteilung geführt.

Ausschuß.

§ 17.

Der Ausschuß besteht aus dem Vorstande und 22 Mitgliedern. Von den Mitgliedern werden 10 von der Delegiertenversammlung des Zentralverbandes Deutscher Industrieller, 12 von der Verbandsversammlung für einen Zeitraum von jedesmal 3 Jahren gewählt. Der Ausschuß ist befugt, aus der Gruppe der Einzelmitglieder sich ein bis drei Mitglieder zuzuwählen. Vorsitzender ist der Vorsitzende des Vorstandes.

Der Ausschuß hat außer den ihm in den Satzungen sonst beigelegten Befugnissen

1. die Aufstellung des Haushaltplanes,
2. die Abnahme der Jahresrechnung,
3. die Beschlußfassung über die Besoldung aller Beamten, die mehr als 3000 Mark Gehalt erhalten oder die mit einer Kündigungsfrist von mehr als sechs Wochen angestellt sind,
4. die Genehmigung aller außeretatsmäßigen Ausgaben und die Anordnung außerordentlicher Beiträge bis zur Höhe des dreifachen Jahresbeitrages,
5. die Genehmigung zu allen Verträgen, aus denen dem Verbande Verpflichtungen entstehen, sofern die Mittel dafür nicht entweder ausdrücklich durch den Haushaltplan oder durch besondere Beschlüsse bewilligt sind oder im Einzelfall weniger als 1000 Mark betragen,
6. die Genehmigung zur Gewährung von Unterstützungen an Verbände und Arbeitgeber zur Durchführung ihnen aufgedrungener Kämpfe mit den Arbeitnehmern,

7. die Vorbereitung der Verbandsversammlung,
8. die Entgegennahme der Geschäftsberichte des Vorstandes.

§ 18.

Der Ausschuß ist jedenfalls in jedem Jahr einmal zusammen zu berufen. Er ist beschlußfähig, wenn mindestens 11 Mitglieder anwesend sind.

Die Beschlüsse werden nach einfacher Mehrheit der Anwesenden gefaßt, bei Stimmengleichheit gelten Anträge als abgelehnt.

Die Ladungen müssen außer in ganz dringlichen Fällen, mindestens eine Woche vorher zur Post gegeben sein.

§ 19.

In dringlichen Fällen ist der Vorstand berechtigt, an Stelle des Ausschusses, vorbehaltlich dessen nachträglicher Zustimmung, in den zur Zuständigkeit des Ausschusses gehörigen Angelegenheiten selbständige Anordnungen zu treffen. Der Ausschuß ist dann binnen 14 Tagen zusammen zu berufen.

§ 20.

Der Vorstand und der Ausschuß sind befugt, für bestimmte Zwecke, sowie auch zur dauernden Erledigung gewisser Angelegenheiten Kommissionen einzusetzen, denen auch die selbständige Verfügung über ihnen überwiesene Mittel zugestanden werden kann.

Verbandsversammlung.

§ 21.

Die Verbandsversammlung setzt sich zusammen aus Abgeordneten der Verbände und der Gruppe der der Hauptstelle unmittelbar angehörigen Einzelpersonen.

§ 22.

Jeder Verband hat mindestens eine Stimme, soweit er nicht bereits durch einen Gesamtverband vertreten wird. Verbände, deren Mitglieder nach den bei den Berufsgenossenschaften eingereichten Lohnnachweisungen durchschnittlich mehr als 10000 Arbeiter beschäftigen, haben 2 Stimmen, für jede weiteren angefangenen 10000 Arbeiter, wobei indes ein Überschuß von weniger als 1000 Arbeitern nicht gerechnet wird, erhält der Verband eine weitere Stimme.

Jeder Verband ist berechtigt, soviel Abgeordnete zu der Verbandsversammlung zu entsenden, als er Stimmen hat; die Stimmen können jedoch von einem Abgeordneten geführt werden. Die Mitglieder des Vorstandes sind in der Versammlung für ihre Person stimmberechtigt. Wegen der Abgeordneten der Gruppe der Einzelfirmen vgl. § 29.

§ 23.

Die Einladung zur Verbandsversammlung erfolgt durch eingeschriebenen Brief, der in der Regel 14 Tage, mindestens aber eine Woche vor dem Tage der Versammlung zur Post gegeben sein muß. Die Einladung muß die Tagesordnung enthalten. Über Gegenstände, die nicht auf der Tagesordnung stehen, darf nur dann Beschluß gefaßt werden, wenn kein Widerspruch von einem der Anwesenden erfolgt.

Beantragen Verbände mit zusammen mindestens 5 Stimmen die Aufnahme eines Gegenstandes auf die Tagesordnung, so ist dem Antrage seitens des Vorstandes Folge zu geben.

Beantragen Verbände mit mindestens 15 Stimmen die Einberufung einer Verbandsversammlung, unter Angabe der Tagesordnung für diese Versammlung, so ist die Verbandsversammlung binnen 14 Tagen einzuberufen.

Die Verbandsversammlung ist mindestens einmal im Jahre einzuberufen.

§ 24.

Die Verbandsversammlung faßt ihre Beschlüsse mit einfacher Stimmenmehrheit der Anwesenden. Anträge gelten bei Stimmengleichheit als abgelehnt.

§ 25.

Der Vorsitzende des Vorstandes leitet die Verbandsversammlung; über den Verlauf und die Beschlüsse der Verbandsversammlung ist ein Protokoll aufzunehmen, das vom Vorsitzenden und drei von der Verbandsversammlung gewählten Abgeordneten unterzeichnet wird.

§ 26.

Der Verbandsversammlung liegt ob:

1. die Wahl von 6 Vorstands- und 12 Ausschußmitgliedern,
2. die Entlastung des Vorstandes auf Antrag des Ausschusses,
3. die Entgegennahme der Geschäftsberichte des Vorstandes und Ausschusses,
4. die Festsetzung des Beitrags der angeschlossenen Verbände (§ 10) sowie die Anordnung außerordentlicher Beiträge, die den dreifachen Jahresbeitrag übersteigen (§ 17[4]),
5. die Abänderung der Satzungen,
6. die Feststellung der Grundsätze, die bei einer eventuellen Hilfsaktion für das Verfahren der Mitglieder maßgebend sein sollen,
7. die Beschlußfassung über die Auflösung des Verbandes,
8. die Erledigung aller Angelegenheiten, die der Verbandsversammlung durch den Ausschuß oder durch Verbände mit zusammen fünf Stimmen (vgl. § 23) zur Beschlußfassung vorgelegt werden.

Zu Abänderungen der Satzungen und Auflösung des Verbandes (Nr. 5 und 7) ist zwei Drittel Mehrheit der Anwesenden erforderlich.

Zur Auflösung des Verbandes und zur Abänderung der §§ 12 und 16 der Satzungen ist außerdem die Zustimmung der Delegiertenversammlung des Zentralverbandes Deutscher Industrieller erforderlich.

Die Gruppe der Einzelfirmen.

§ 27.

Die Einzelfirmen, die sich unmittelbar an die Hauptstelle angeschlossen haben, können sich zu einer Gruppe zusammenschließen.

§ 28.

Die Gruppe ordnet ihre Organisation und Tätigkeit durch besondere Satzungen, die aber der Bestätigung durch den Vorstand bedürfen

§ 29.

Die Gruppe gilt für die Wahl von Abgeordneten zur Verbandsversammlung als ein angeschlossener Verband. Die Vorschriften des § 22 finden entsprechende Anwendung. Solange die Gruppe weniger als drei Stimmen in der Verbandsversammlung hat, wählt sie nur ein Mitglied, bei weniger als sechs Stimmen nur zwei Mitglieder in den Ausschuß.

§ 30.

Von den von dem Gesamtvorstande erhobenen Beiträgen der Gruppenmitglieder wird ein Viertel der Gruppe zur Verfügung gestellt. Die Gruppe ist befugt, Zuschläge zu den Verbandsbeiträgen zu erheben.

Streikunterstützung.

§ 31.

Diejenigen Verbände, die satzungsgemäß an ihre Mitglieder fest bestimmte Streikunterstützungen gewähren, können sich zu einer besonderen Gruppe zusammenschließen. Die Vorschriften des § 28 und § 30 Satz 2 finden entsprechende Anwendung.

Die Gruppe ist insbesondere auch befugt, auf eine Vereinheitlichung der sich auf die Streikunterstützung beziehenden Vorschriften in den Satzungen der angeschlossenen Verbände hinzuwirken und eine Verbindung der einzelnen Verbände durch Errichtung eines Garantiefonds nach Art einer Rückversicherung herbeizuführen.

Schutztätigkeit der Hauptstelle.

§ 32.

Jeder Verband ist verpflichtet, der Hauptstelle von jedem bei seinen Mitgliedern ausgebrochenen Streik, ferner von jedem gegen eins seiner Mitglieder ausgesprochenen Boykott und ebenso von jeder von seinen Mitgliedern vorgenommenen Aussperrung nach vorgeschriebenem Formular Anzeige und über den Verlauf und Ausgang jede gewünschte Mitteilung zu machen.

Wünscht ein Verband den Schutz der Hauptstelle, so beschließt darüber der Ausschuß nach Anhörung des Vorstandes des betroffenen Verbandes.

Als Schutzmaßregeln kommen in Betracht

a) Gewährung von Geldmitteln,

b) Nichtannahme der streikenden, ausgesperrten oder widerrechtlich ausgetretenen Arbeiter.

Sollen weitergehende Maßregeln ergriffen werden, so ist die Beschlußfassung der Verbandsversammlung erforderlich. Die Verbandsversammlung kann allgemein oder für den einzelnen Fall die Befugnisse des Ausschusses erweitern.

Wünscht eine Einzelfirma, die unmittelbares Mitglied der Hauptstelle ist (§§ 4, 27), den Schutz der Hauptstelle, so beschließt darüber und über die Art des Schutzes der Vorstand der Hauptstelle nach Anhörung der etwa vorhandenen Gruppe.

Als Schutz kann gewährt werden

a) Gewährung von Geldmitteln,

b) Nichtannahme der streikenden, ausgesperrten oder widerrechtlich ausgetretenen Arbeiter.

Sollen weitergehende Maßregeln ergriffen werden, so ist die Zustimmung des Ausschusses erforderlich.

§ 33.

Jedes Mitglied der Hauptstelle ist verpflichtet, den Beschlüssen auf Nichtannahme streikender, ausgesperrter oder widerrechtlich ausgetretener Arbeiter und Aufbringung der Geldmittel zur Durchführung einer Hilfsaktion (§ 17 Nr. 4) Folge zu leisten.

Zur Befolgung aller übrigen Beschlüsse zum Schutze der Arbeitgeber sind die einzelnen Verbände und Mitglieder nur insoweit verpflichtet, als sie vorher erklärt haben, den weitergehenden Maßnahmen allgemein oder für den einzelnen Fall beizutreten. Ist eine solche Erklärung abgegeben, so kann sie nur nach sechsmonatiger Kündigung wieder zurückgenommen werden.

Jeder Verband, der eine solche Erklärung abgibt, ist verpflichtet, von allen seinen Mitgliedern die gleiche Erklärung zu fordern und Sorge zu tragen, daß die Maßnahmen auch durchgeführt werden.

Auflösung der Hauptstelle.

§ 34.

Wird die Hauptstelle aufgelöst, so ist über das Vermögen und die Erfüllung der Verbindlichkeiten der Hauptstelle von der Verbandsversammlung Beschluß zu fassen.

Druck von A. W. Hayn's Erben, Potsdam.